音视频
普及版

国学传世经典 名师导读丛书

春秋左传

【春秋】左丘明 ◎ 著

总主编 胡大雷

主编 梁冬丽

漓江出版社

图书在版编目（CIP）数据

　　春秋左传／（春秋）左丘明著；胡大雷总主编. --
桂林：漓江出版社，2023.4
　　（国学传世经典名师导读丛书）
　　ISBN 978-7-5407-9371-5

　　Ⅰ. ①春… Ⅱ. ①左… ②胡… Ⅲ. ①中国历史-春
秋时代-编年体 Ⅳ. ①K225.04

　　中国国家版本馆 CIP 数据核字（2023）第 018309 号

春秋左传　CHUNQIU ZUOZHUAN

作　　　者　【春秋】左丘明　著
总　主　编　胡大雷
主　　　编　梁冬丽

出　版　人　刘迪才
策 划 统 筹　林晓鸿　　陈植武
责 任 编 辑　林晓鸿
助 理 编 辑　陈丽君
装 帧 设 计　林晓鸿
责 任 校 对　海健灵
责 任 监 印　杨　东

出 版 发 行　漓江出版社有限公司
社　　　址　广西桂林市南环路 22 号
邮　　　编　541002
发 行 电 话　010-65699511　0773-2583322
传　　　真　010-85891290　0773-2582200
邮 购 热 线　0773-2582200
网　　　址　www. lijiangbooks. com
微信公众号　lijiangpress

印　　　制　河北赛文印刷有限公司
开　　　本　710 mm×1000 mm　1/16
印　　　张　13
字　　　数　193 千字
版　　　次　2023 年 4 月第 1 版
印　　　次　2023 年 4 月第 1 次印刷
书　　　号　ISBN 978-7-5407-9371-5
定　　　价　36.80 元

前言

胡大雷

古今中外都说"上学读书"。读什么书？其中之一就是读国学经典。习近平总书记说："实现中国梦必须走中国道路、弘扬中国精神、凝聚中国力量。"中国精神，体现在中国人的行为实践中，也体现在国学经典里。国学经典集中传统文化的精华，把古往今来中国人的行为实践概括为语言文字，凝聚为学术知识。

从国学经典里，我们可以读到什么、学到什么？

第一，我们学到了中国人治国理政的作为、做人做事的规范。古代的"经书""垂世立教"，就是用于传承的治国理政的纲要，读"经书"，就是要懂得做人的规范，比如《论语》倡导的"仁礼孝德""温良恭俭让"等。做人要诚己刑物，以自己的真诚去匡正社会。

第二，我们坚定了以爱国主义为核心的民族精神，以此凝聚与铸牢中华民族共同体意识。《春秋》讲"大一统"，所谓"六合同风，九州共贯"；司马迁《史记》讲"大一统"，"大一统"是贯穿中华民族爱国主义精神的一条红线，成为中华民族的精神基因。从《诗经》到屈原的《离骚》，从杜甫的诗句中，从文天祥的《正气歌》、林则徐等人的作品中，我们看到国学经典中有着怎样的对国家民族的期望。爱国主义精神又体现在"天下兴亡，匹夫有责"的名言以及范仲淹"先天下之忧而忧，后天下之乐而乐"的豪言壮语中。

第三，我们读到了中国人的智慧。老子《道德经》说："上善若水，水善利万物而不争。"而且如此智慧的语言又体现在执行能力上，习近平总书记就提出，领导者要有老子《道德经》所说"治大国如烹小鲜"的态度。"穷则独善其身，达则兼济天下。"儒道两家为人处世的智慧体现在其中。《庄子》讲"无以人灭天，无以故灭命"，教导我们要与自然相适应；讲"言者所以在意，得意而忘言"，昭示我们要探究事物更深层面的道理。墨子讲

"言有三表"，指明判断真理的几大标准。孟子讲"说诗者，不以文害辞，不以辞害志"，讲知人论世，以智慧去实施文学批评。这些都值得当代人借鉴。

第四，我们读到了中国人建设美好家园的奋斗精神。孔子称"大道之行也，天下为公。选贤与能，讲信修睦"为人类的理想世界；陶渊明《桃花源记》描摹的桃花源。国学经典中多有对理想社会的叙写，但更多的则是告诉我们如何通过奋斗来实现生活的目标，如"愚公移山"。习近平总书记指出："我们要立下愚公移山志，咬定目标、苦干实干，坚决打赢脱贫攻坚战。""让我们大力弘扬愚公移山精神，大力弘扬将革命进行到底精神，在中国和世界进步的历史潮流中，坚定不移把我们的事业不断推向前进，直至光辉的彼岸。"这些重要论述，赋予传统文化中的奋斗精神以新的时代内涵。

第五，我们得到了文学的享受。国学经典各有文体，它们尽显各自的风采。从语言格式来说，古老《诗经》的四言、《楚辞》的"兮"字体，又有五言、七言及其律化，曲词的长短句，无所不用，只求尽兴尽情。除诗以外，文分散、骈，不拘一格，无不朗朗上口，贴切合心。从表达功能来说，或抒情，或说理，或叙事，读者赏心悦目，便是上乘之作。

我们是中华民族的传人，一呱呱落地，就接受着传统文化的阳光雨露；我们每一个中国人，无论老幼，无论从事什么职业，都应该善于学习，多读国学经典。中华文化是我们的精神家园，国学经典是我们精神家园的文本载体。今天，我们读国学经典，就是树立做一个中国人的根本，就是为了传承中华优秀传统文化，令其生生不已，并赋予新的时代内涵。

为了帮助广大读者学习和阅读国学经典，强化记忆，编者精心选编了这套国学经典丛书，设置名师导读、原文、注释、译文、名师点评、延伸阅读、学海拾贝等版块，对原著进行分析解读，并在每本书附加 60 分钟的音视频，范读内容均为经典段落、格言警句及诗词赏析。本套书参考引用了历代学者或今人的研究成果，未能详细列出，在此特别说明，并对众多国学研究者的辛勤劳动致以谢忱！

书 路 领 航

作者简介

《春秋左传》相传为左丘明所著。左丘明，生卒年不详，鲁国人。一说复姓左丘，名明；一说单姓左，名丘明；一说姓丘，名明，因其父任左史官，故称左丘明。春秋末期史学家、文学家、思想家，中国传统史学的创始人。

左丘明出身史官世家，齐开国之君姜太公后裔，楚左史倚相之孙，鲁太史成之子。祖父倚相能读三坟、五典，被称为"良史"。父亲亦通晓史事，因避战乱而适鲁，为鲁国太史。左丘明博览天文、地理、文学、历史等大量古籍，学识渊博。后来继承父亲的职位，继任了鲁国的太史官。在任时，左丘明尽职尽责，德才兼备，为时人所崇拜。

左丘明胸怀坦荡，深得鲁侯器重。他曾与孔子一起"乘如周，观书于周史"，掌握了鲁国以及其他诸侯国的大量史料。后来依据《春秋》著成了中国古代第一部记事详细、议论精辟的编年史《春秋左传》，以及现存最早的一部国别史《国语》。相传他作《国语》时已双目失明。

左丘明品德高尚，深受孔子敬重。孔子曾说："巧言、令色、足恭，左丘明耻之，丘亦耻之；匿怨而友其人，左丘明耻之，丘亦耻之。"孔子尊左丘明为"君子"，太史司马迁称其为"鲁之君子"。历代帝王对其亦多有敕封，如唐封经师，宋封瑕丘伯和中都伯，明封先儒和先贤等。

左丘明被后人誉为"百家文字之宗、万世古文之祖"，被史学界推为中国史学的开山鼻祖，更有"文宗史圣""经臣史祖"之誉。

创作背景

　　《春秋左传》所记载的春秋时期，是一个社会急剧变化的时代，也是一个思想大解放的时代。当时，周王室实力逐渐衰微，井田制日趋瓦解，宗法制遭到破坏，整个社会的礼制、官制、税制、兵制、学制等都出现了巨大的变化，阶级斗争复杂激烈，奴隶主贵族日趋没落，地主阶级逐渐兴起。华夏与蛮夷、革新派与保守派等产生了尖锐的矛盾与对立，使整个春秋时期的历史风貌呈现出异彩纷呈的特点。面对纷繁复杂的史实，语言极度简略的《春秋》已无法起到记载历史的作用，于是对《春秋》所载的历史进行详细记录的《春秋左传》就应运而生了。

　　《左传》记载了鲁国隐公至哀公这段历史，涉及周王室及各诸侯国的政治、军事、外交和文化等方面的历史事件。鲁国是当时的礼仪之邦，也是儒学宗师孔子的所在国，左丘明受儒家思想影响较大，使得《左传》具有强烈的儒家思想倾向，强调等级秩序，重视长幼尊卑之别，后成为重要的儒家经典。

内容提要

　　《春秋左传》又名《左传》，《春秋》三传之一，是我国现存最早的记事较完备的编年体史书。《左传》记载了自鲁隐公元年（公元前722年）到鲁哀公二十七年（公元前468年）的历史，以《春秋》为本，又比《春秋》记事时间延长了许多。《左传》通过记述春秋时期的具体史实来说明《春秋》的纲目，是儒家重要经典之一。西汉时称为《左氏春秋》，东汉以后改称《春秋左氏传》，简称为《左传》。

　　《左传》有意识地集中写出形形色色的历史人物，上至天子诸侯、王公卿相，下至行人商贾、皂隶仆役。其中有春秋五霸等诸侯君王，赵盾、子产、伍子胥等臣子，还有许多妇女和下层人物。《左传》主要采用随事写人的方法，以人物的行动、对话构成表现人物的主要手段，不仅生动传神地刻画出人物性格，还揭示了他们在春秋时期历史进程中的作用，赋予人物鲜明的历史意义。

齐桓公尊王攘夷，晋文公一战而霸，秦穆公独霸西戎，显示出诸侯霸权的迭兴。而从西周延续下来的以嫡长子继承制为核心的宗法制，随着社会生产力的发展受到了冲击和挑战，意识形态里传统的宗法思想和君臣观念遭到了普遍的冲击。《左传》揭示了春秋时期权力下移，思想观念急剧变化的过程。

春秋时期是诸侯争霸的时代，因此战争不断。《左传》全书中共记录了四百九十二起战争，写得较详细的大战有十四次，如韩原之战、城濮之战、殽之战、邲之战、鞌之战、鄢陵之战、柏举之战等，详细叙写了战争中的奇计与谋略，这些奇计与谋略，可以视为《孙子兵法》的实践注脚，有的对今天还有启发意义。

《左传》还展现了春秋时期社会生活的方方面面。我们从《左传》的记载中，可以看到周王室和诸侯宫廷中的日常生活、宫闱斗争。春秋时期诸侯国之间外交频繁，《左传》对盟会制度，包括礼乐制度、外交中的赋诗用诗，都记载得详细而生动有趣。此外，像妇女生活、宗法制度、典章文物制度、皂隶制度、坐贾行商等，无不应有尽有。

《左传》记录了二百多年间周王室及各诸侯国的政治、军事、外交和文化等方面的历史事件。《左传》不仅是一部杰出的编年史著作，同时是一部杰出的历史散文著作。书中精彩细密的叙事、个性鲜明的人物塑造、委婉巧妙的辞令等，得到了历代名人、学者的击节赞赏。严复、夏曾佑曾指出："书之纪人事者谓之史。"就此而言，文学和史学找到了它们的契合点。《左传》是以人物、情节与细节来解释历史的。《左传》记载历史，非常注重情节。一个情节常常是一则有趣生动的小故事，众多情节构成历史事件，琳琅满目，读之趣味盎然。《左传》写战争，也是以情节取胜，由众多情节组成波澜壮阔的战争场面，并且写出人在战争中的活动。这就使战争描写更具有小说意味。其中，郑伯克段于鄢、曹刿论战、烛之武退秦师等故事脍炙人口，在历史和文学等方面也产生了重要的影响。此外，还有"多行不义必自毙""骄、奢、淫、泆，所自邪也""人谁无过？过而能改，善莫大焉"等格言警句，无不体现出传统文化中影响深远的价值观和中华民族生生不息的精神追求与崇高的精神原动力。

目录

C O N T E N T S

目录

卷一　隐公

郑伯克段于鄢

名师导读

　　郑庄公的母亲姜氏因生庄公时难产，故而对他生厌。后来姜氏又生了共叔段，却对他非常喜爱，想改立他为太子。郑庄公即位以后，其弟共叔段在母亲姜氏的支持下不断扩充势力，企图夺取政权。郑庄公不断满足共叔段的要求，共叔段权欲膨胀，后举兵夺位。郑庄公在鲁隐公元年（公元前722年）一举消灭了他。最后，庄公和母亲在颍考叔的帮助下重归于好。实际上，这部分选文完整记录了隐公元年发生的大事。值得注意的是，关于事件"不书"的条件——是否记录的理由在于是否符合礼制秩序规范。

【原文】

　　惠公元妃①孟子。孟子卒，继室②以声子，生隐公③。宋④武公生仲子。仲子生而有文在其手，曰"为鲁夫人"，故仲子归⑤于我⑥。生桓公而惠公薨⑦，是以隐公立而奉⑧之。

【注释】

①元妃：诸侯第一次所娶的正室夫人。

②继室：续娶。

③隐公：鲁惠公之子，鲁桓公之兄。

④宋：周代诸侯国名。子姓。公元前11世纪周公平定武庚叛乱后，封商纣的庶兄微子启于商丘（今河南商丘）。辖地在今河南东部及山东、江苏、安徽之间。

⑤归：出嫁。

⑥我：这里指鲁国。

⑦薨（hōng）：春秋时称诸侯死为"薨"。

⑧奉：辅佐。

【译文】

鲁惠公的原配夫人叫孟子。孟子死后，鲁惠公续娶了声子，生下隐公。宋武公生了仲子。仲子一生下来就有文字在她手上，说"当鲁国夫人"，所以仲子也嫁给我们鲁君做正室。生下桓公，鲁惠公就去世了，所以隐公立桓公为太子而自己辅佐朝政。

【原文】

元年春，王周正月。不书①即位，摄②也。三月，公及邾仪父盟于蔑③——邾子克也。未王命，故不书爵。曰"仪父"，贵④之也。公摄位而欲求好于邾，故为蔑之盟。夏四月，费伯帅师城⑤郎⑥。不书，非公命也。

【注释】

①书：记载，记录。

②摄：代理，这里指代理国政。

③蔑：指姑蔑，春秋鲁地，在今山东泗水县东。

④贵：尊重，重视。

⑤城：用作动词，意为筑城。

⑥郎：春秋鲁邑，在今山东鱼台东北。

【译文】

鲁隐公元年春，周历正月。《春秋》没有记载隐公即位，这是因为他只是代理国政。三月，隐公和邾仪父在蔑地会见——邾仪父就是邾子克。由于邾子克还没有受周朝正式册封，所以《春秋》没有记载他的爵位。称他为"仪父"，是因为尊重他。隐公摄政想要和邾国交好，所以在蔑地举行了会盟。夏四月，费伯率领军队在郎地筑城。《春秋》没有记载，因为这不是奉隐公的命令。

【原文】

初①，郑武公娶于申②，曰武姜③。生庄公及共叔段④。庄公寤生⑤，惊姜氏，故名曰"寤生"，遂恶⑥之。爱共叔段，欲立之。亟⑦请于武公，公弗许。及庄公即位，为之请制⑧。公曰："制，岩邑⑨也，虢叔⑩死焉。佗邑唯命⑪。"请京⑫，使居之，谓之京城大⑬叔。祭仲曰："都，城过百雉⑭，国之害也。先王之制：大都，不过参⑮国之一；中，五之一；小，九之一。今京不度，非制也，君将不堪⑯。"公曰："姜氏欲之，焉辟⑰害？"对曰："姜氏何厌⑱之有？不如早为之所⑲，无使滋蔓。蔓，难图⑳也。

扫码看视频

蔓草犹不可除，况君之宠弟乎？"公曰："多行不义，必自毙㉑，子姑待之。"

【注释】

①初：当初，起初。《左传》常用此字引出补叙或倒叙之内容，以解严格按编年记事的缺陷。

②申：诸侯国名，在今河南南阳。

③武姜：郑武公之妻。武是其夫武公之谥号，姜是其本姓。

④共叔段：郑庄公之弟。共为其封邑，叔为兄弟排行，段为其名。

⑤寤（wù）生：逆生，谓胎儿脚先下，也可作难产解释。

⑥恶：讨厌，不喜欢。

⑦亟（qì）：多次，屡次。

⑧制：地名，在今河南荥阳西北。

⑨岩邑：地势险要的城邑。

⑩虢叔：东虢国的国君。

⑪唯命：指唯命是从。

⑫京：地名，在今河南荥阳东南。

⑬大（tài）："太"的古字。

⑭雉：古时计算城墙面积的单位，一雉为三丈长、一丈高。

⑮参（sān）：通"三"。

⑯堪：经受得住。

⑰辟：躲避，逃避。

⑱厌：满足。

⑲所：安排，处理。

⑳图：设法，对付。

㉑毙：仆倒，灭亡。

【译文】

　　起初，郑武公在申国娶妻，她就是武姜。武姜生了庄公和共叔段。庄公是脚先头后出生的，难产，使姜氏受了惊吓，因此姜氏给他取名叫"寤生"，并且很讨厌他。姜氏很喜爱共叔段，想立他为太子。她屡次向武公请求，武公都不答应。等到庄公继位为郑国国君，姜氏请求将制地作为共叔段的封邑。庄公说："制地形势险峻，虢叔曾经死在那里。其他地方都可以听您的。"姜氏又改而请求封京地，让共叔段住在那里，人们称他为京城太叔。祭仲说："凡是都邑，城墙周围的长度超过三百丈，就会给国家带来祸害。先王制定的制度：大的都邑，其城墙不超过国都的三分之一；中等的，不超过五分之一；小的，不超过九分之一。现在京地的城墙不合法度，这不是该有的规制，君王会受不了的。"庄公说："姜氏要这样，哪能避免祸害？"祭仲回答说："姜氏怎会得到满足？不如早做打算，不要让她滋生事端。一旦滋长蔓延就难以对付了。蔓延的野草尚且不能铲除掉，何况是您受宠的弟弟呢？"庄公说："多做不仁义的事情，必然会自取灭亡。您姑且等着吧。"

【原文】

　　既而大叔命西鄙、北鄙贰于己①。公子吕②曰："国不堪贰，君将若之何③？欲与大叔，臣请事之；若弗与，则请除之。无生民心。"公曰："无庸④，将自及。"大叔又收贰以为己邑，至于廪延⑤。子封曰："可矣。厚将得众。"公曰："不义不昵⑥，厚将崩。"

　　大叔完、聚⑦，缮⑧甲、兵，具卒、乘⑨，将袭郑。夫人将启之⑩。公闻其期，曰："可矣。"命子封帅车二百乘⑪以伐京。京叛大叔段。段入于鄢⑫，公伐诸鄢。五月辛丑⑬，大叔出奔共。

【注释】

①贰于己：同属于庄公和自己。

②公子吕：郑国大夫，字子封。

③若之何：如何对待他。

④庸：用。

⑤廪（lǐn）延：春秋郑地，在今河南延津东北、古黄河南。

⑥昵（nì）：亲近。

⑦聚：积聚粮草。

⑧缮：修缮，修整。

⑨乘：兵车。

⑩启之：开启城门，指做内应。

⑪乘：一车四马为一乘。每乘配甲士三人，步兵七十二人。

⑫鄢（yān）：地名，在今河南鄢陵西北。

⑬辛丑：古人以天干地支计时，这年五月辛丑为五月二十三日。

【译文】

不久，太叔命令西部和北部边境既听庄公的命令，又听自己的命令。公子吕说："国家不能忍受这种两面听命的情况，您打算怎么办？如果您打算把君位让给太叔，下臣就去侍奉他；如果不给，那就请除掉他，不要让老百姓产生其他想法。"庄公说："用不着，他会自取其祸。"太叔又收取原来两属的地方作为自己的封邑，并扩大到廪延。子封说："可以动手了。他势力一大，将会争得民心。"庄公说："对君不义，对兄不亲，势力虽大，却会崩溃。"

太叔整治城郭，储备粮草，补充武器装备，充实步兵车兵，准备袭击郑国都城。姜氏则打算作为内应打开城门。庄公听说了太叔起兵的日期，说："可以了。"就命令子封率领二百辆战车进攻京地。京地的人反叛太叔，太叔逃到鄢地。庄公又赶到鄢地攻打他。五月二十三日，太叔又逃到共国。

【原文】

书曰："郑伯克段于鄢。"段不弟，故不言弟；如二君，故曰克；称郑伯，讥失教也；谓之郑志。不言出奔，难之也。

遂置姜氏于城颍^①，而誓之曰："不及黄泉^②，无相见也。"既而悔之。

颍考叔为颍谷封人^③，闻之，有献于公。公赐之食，食舍肉^④。公问之，对曰："小人有母，皆尝小人之食矣，未尝君之羹^⑤，请以遗^⑥之。"公曰："尔有母遗，繄^⑦我独无！"颍考叔曰："敢问何谓也？"公语之故，且告之悔。对曰："君何患焉？若阙^⑧地及泉，隧^⑨而相见，其谁曰不然？"公从之。公入而赋^⑩："大隧之中，其乐也融融^⑪！"姜出而赋："大隧之外，其乐也洩洩^⑫！"遂为母子如初。

【注释】

①城颍：春秋郑地，在今河南临颍西北。

②黄泉：指人死后埋葬的地穴，阴间。

③封人：管理疆界的官员。

④舍肉：把肉放在一边不吃。

⑤羹：带汁的肉食。

⑥遗（wèi）：送。

⑦繄（yī）：语气助词，犹惟。

⑧阙（jué）：挖掘。

⑨隧：用作动词，挖隧道。

⑩赋：指作诗。

⑪融融：快乐高兴的样子。

⑫洩（yì）洩：和睦快乐的样子。

【译文】

《春秋》说："郑伯克段于鄢。"太叔所作所为不像弟弟的样子，所以不说"弟"字；兄弟相争，好像两个国君打仗一样，所以称为"克"；把庄公称为"郑伯"，是讥刺他没有尽教诲之责；《春秋》这样记载就已表明庄公的本意。不说"出奔"，是因为史官难以下笔。

于是庄公就把姜氏安置在城颍，发誓说："不到黄泉，就不再相见。"不久以后又对此感到后悔。

颍考叔当时在颍谷做边疆护卫长官，听到这件事，就献给庄公一些东西。庄公赏赐给他食物，在吃的时候，他把肉放在一边不吃。庄公问他原因，他说："我家中有母亲，我孝敬她的食物她都已尝过了，就是没有尝过君王的肉汤，请允许我带回去给她吃。"庄公说："你有母亲可送，我却没有！"颍考叔说："请问这是什么意思？"庄公就对他说明了原因，并且告诉他自己很后悔。颍考叔回答说："您有什么可忧虑的呢？如果挖地见到泉水，在掘成的隧道里面相见，那还有谁说不对？"庄公听从了颍考叔的意见。庄公进了隧道，赋诗说："在大隧中相见，多么快乐啊！"姜氏走出隧道，也赋诗说："走到大隧外，多么舒畅啊！"于是母子和好如初。

【原文】

君子曰："颍考叔，纯孝也，爱其母，施①及庄公。《诗》曰：'孝子不匮，永锡尔类。'②其是之谓乎！"

秋七月，天王③使宰咺④来归惠公、仲子之赗⑤。缓，且子氏未薨，故名。天子七月而葬，同轨⑥毕至；诸侯五月，同盟⑦至；大夫三月，同位⑧至；士逾月，外姻⑨至。赠死不及尸⑩，吊生不及哀⑪，豫凶事⑫，非礼也。

【注释】

①施（yì）：延及，推及。

②“《诗》曰”句：出自《诗·大雅·既醉》。

③天王：周天子，此处指周平王。

④宰咺（xuān）：宰为官名，咺为人名。

⑤赗（fèng）：送给丧家助葬之财物。

⑥同轨：车子左右两轮的距离相同。这里指各诸侯国。

⑦同盟：共缔盟约的诸侯。

⑧同位：官位相等的同僚。

⑨外姻：外戚姻亲，泛指亲戚。

⑩尸：这里指下葬。

⑪哀：举哀，哭丧。

⑫凶事：丧事。

【译文】

　　君子说："颍考叔，可算是真正的孝子，他爱他的母亲，并且还影响到庄公。《诗》说：'孝子的孝心没有穷尽，永远可以影响到他的同类。'说的就是这样的事情吧！"

　　秋季，七月，周平王派遣宰咺送来鲁惠公和仲子的助丧之物。惠公已经下葬，这时（送礼）已经晚了，而仲子还没有死，所以《春秋》直书宰咺的名字。天子去世七个月后才安葬，诸侯都要来参加葬礼；诸侯去世五个月后下葬，同盟的诸侯都要来参加葬礼；大夫去世三个月后下葬，官位相同的都要来参加葬礼；士去世一个月后下葬，亲戚都要前来参加葬礼。赠送给死者的助丧之物未能在下葬之前到达，向生者吊丧没有赶上举哀的时间，人没有死而预先赠送有关丧事的东西，这都不合于礼。

【原文】

八月，纪人伐夷①。夷不告，故不书。有蜚②，不为灾，亦不书。惠公之季年③，败宋师于黄④。公立⑤而求成⑥焉。九月，及宋人盟于宿⑦，始通⑧也。

【注释】

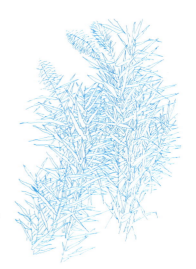

①夷：夷国。纪国和夷国都为诸侯小国。

②蜚（fěi）：蜚盘虫，指虫害。

③季年：晚年，末年。

④黄：春秋宋邑，在今河南民权县东。

⑤立：即位。

⑥求成：讲和。

⑦宿：古国名，风姓，在今山东东平东南。

⑧通：互通，通好。

【译文】

八月，纪国人讨伐夷国。夷国没有前来报告，所以《春秋》没有记载。鲁国发现了蜚盘虫，但没有造成灾害，《春秋》也不加记载。惠公晚年，在黄地打败了宋国。隐公即位后要求和宋人讲和。九月，和宋人在宿国结盟，两国开始通好。

【原文】

冬十月庚申，改葬惠公。公弗临①，故不书。惠公之薨也，有宋师，大子少，葬故有阙②，是以改葬。卫侯来会葬，不见公，亦不书。郑共叔之乱，公孙滑出奔卫③。卫人为之伐郑，取廪延。郑人以王师、虢师伐卫南鄙，请师于邾。邾子使私于公子豫。豫请往，公弗许，遂行，及邾人、郑人盟于翼④。不书，非公命也。新作南门。不书，亦非公命也。

十二月，祭伯来，非王命也。众父卒。公不与小敛⑤，故不书日。

【注释】

①临（lìn）：指临丧哭吊死者。

②阙：缺失，不完备。

③卫：卫国。

④翼：邾国之地，在今山东费县西南。

⑤小敛：将衣衾加于死者身上。

【译文】

冬，十月十四日，改葬惠公。隐公只是摄政，不敢以丧主的身份到场哭吊，所以《春秋》不记载。惠公死的时候，正遇鲁、宋两国交战，太子又年幼，葬礼不完备，所以现在才改葬。卫桓公来鲁国参加葬礼，没有见到隐公，《春秋》也不加记载。郑国共叔段叛乱，公孙滑逃到卫国。卫国人替他攻打郑国，占取廪延。郑国人率领周天子的军队和虢国的军队进攻卫国南部边境，同时又请求邾国出兵相助。邾子派人暗地里和公子豫商量。公子豫请求出兵援救，隐公不同意，公子豫就自己走了，和邾国、郑国在翼地会盟。《春秋》不记载此事，因为这不是出于隐公的命令。新建南门，《春秋》不予记载，也是因为这不是出于隐公的命令。

十二月，祭伯来到鲁国，并不是奉了周王的命令。众父去世。隐公没有前去参加小敛，所以《春秋》不记载众父死亡的日子。

名师点评

真正爱你的人，并不会放任你。我们要警惕，那些无条件放纵你的人，极有可能在陷害你。从表面上看，郑庄公满足共叔段的无理要求是被迫无奈，实际上却包含着深层次的政治用心，被母亲姜氏宠坏的共叔段是无法识破并防范的。这个故事读来生动有趣，至少有如下两个文学手段值得关注：一是倒叙或补叙手法的运用，《左传》采用严格编年的体例书写，但是为了把事情的来龙去脉讲清楚，喜欢用"初"这样的标志性词语引出内容。二是写郑庄公与母亲和好，竟然是在隧道中，只因曾发誓"不及黄泉，无相见也"，这种场景富于小说谐趣，是史学书写采用了文学化手段的典型案例，日后不少小说也喜欢用这种戏剧化的情节来表达"后悔""圆场"。

石碏大义灭亲

　　卫桓公与公子州吁都是卫庄公的儿子，嫡长子是卫桓公，之后被立为国君。公子州吁虽是庶子，却得到卫庄公的宠爱，他又非常好武，逐渐便有了篡位的野心。等到卫庄公死后，公子州吁就联合石厚发动叛乱，杀死了刚即位的卫桓公，自立为君。卫国大臣石碏便借石厚向他请教治国方法之机，设计除掉了篡位的公子州吁与自己那助纣为虐的儿子石厚。这是隐公三年、四年间发生的一件大事。

【原文】

　　卫①庄公娶于齐②东宫③得臣④之妹，曰庄姜⑤。美而无子，卫人所为赋《硕人》⑥也。又娶于陈⑦，曰厉妫⑧，生孝伯，早死。其娣戴妫生桓公，庄姜以为己子。公子州吁，嬖人⑨之子也，有宠而好兵，公弗禁，庄姜恶之。石碏⑩谏曰："臣闻爱子，教之以义方，弗纳于邪⑪。骄、奢、淫、泆，所自邪也。四者之来，宠禄过也。将立州吁，乃定之矣，若犹未也，阶之为祸。夫宠而不骄，骄而能降⑫，降而不憾，憾而能眕⑬者，鲜矣。且夫贱妨贵，少陵长，远间亲，新间旧，小加大，淫破义，所谓六逆也。君义，臣行，父慈，子孝，兄爱，弟敬，所谓六顺也。去顺效逆，所以速祸也。君人者将祸是务去，而速之，无乃不可乎？"弗听。其子厚与州吁游，禁之，不可。桓公立，乃老。

【注释】

① 卫：诸侯国名，姬姓，在今河南淇县、滑县一带。

② 齐：诸侯国名，姜姓，在今山东临淄一带。

③ 东宫：太子所居之地，借指太子。

④ 得臣：齐庄公的太子。

⑤ 庄姜：卫庄公的妻子。庄是丈夫谥号，姜是娘家的姓。

⑥ 《硕人》：《诗·卫风》中赞美庄姜的诗。

⑦ 陈：诸侯国名，妫（guī）姓，在今河南开封以东、安徽亳州以北。

⑧ 厉妫：卫庄公夫人。厉为谥号，妫为姓。

⑨ 嬖（bì）人：受宠的人。这里指宠妾。

⑩ 石碏（què）：卫国大夫。

⑪ 邪：邪道。

⑫ 降：指地位下降。

⑬ 眕（zhěn）：稳重；克制。

扫码看视频

【译文】

卫庄公娶了齐国太子得臣的妹妹为妻，也就是庄姜。庄姜长得很美，但没有生孩子，卫国人给她作了一首诗叫《硕人》。后来卫庄公又娶了一个陈国女子，也就是厉妫，厉妫生下孝伯，孝伯很小就死了。给厉妫陪嫁的妹妹戴妫生了卫桓公，庄姜把桓公当作自己的儿子。公子州吁是庄公宠妾的儿子，受到庄公宠爱，喜好武事，庄公不加禁止。庄姜则讨厌州吁。大夫石碏劝谏庄公道："我听说疼爱孩子应当用正道去教导他，不能使他走上邪路。骄横、奢侈、淫乱、放纵，是导致邪恶的原因。这四种恶习的产生，是给他的宠爱和俸禄过头了。如果想立州吁为太子，就确定下来，如果定不下来，就会酿成祸乱。受宠而不骄横，骄横而能安于下位，地位在下而不怨恨，怨恨而能克制的人，是很少的。况且低贱的妨害高贵的，年轻的欺凌年长的，疏远的离间亲近的，新人离间旧人，弱小的压迫强大的，淫乱破坏道义，这是六件背离道理的事。国君仁义，臣下恭行，为父慈爱，为子孝顺，为兄宽和，为弟恭敬，这是六件顺理的事。舍去顺理的事而效法违理的事，这就是很快会招致祸害的原因。作为统治民众的君主，应当尽力除掉祸害，而现在却加速祸害的到来，这大概是不行的吧？"卫庄公不听劝告。石碏的儿子石厚与州吁交往，石碏禁止，但未能如愿。到卫桓公当国君时，石碏就告老退休了。

【原文】

州吁未能和其民^①，厚问定君^②于石子。石子曰："王觐^③为可。"曰："何以得觐？"曰："陈桓公方有宠于王，陈、卫方睦，若朝陈使请^④，必可得也。"厚从州吁如陈。石碏使告于陈曰："卫国褊小^⑤，老夫耄^⑥矣，无能为也。此二人者，实弑^⑦寡君，敢即图之。"陈人执之，而请莅^⑧于卫。九月，卫人使右宰丑莅杀州吁于濮。石碏使其宰獳羊肩^⑨莅杀石厚于陈。

君子曰："石碏，纯臣也。恶州吁而厚与^⑩焉。'大义灭亲'，其是之谓乎！"

【注释】

①和其民：使其民众安定和睦。

②定君：安定君位。

③觐（jìn）：诸侯朝见天子。

④使请：求陈桓公向周王请求。

⑤褊（biǎn）小：狭小。

⑥耄（mào）：年老。八九十岁叫耄。

⑦弑：古代指臣杀君，子杀父母。

⑧莅（lì）：前来。

⑨獳（nòu）羊肩：人名。

⑩与：参与，一起。

【译文】

州吁无法使卫国的民众安定和睦，君位不能稳定，于是石厚便向石碏请教安定君位的方法。石碏说："能朝见周天子，君位就能安定了。"石厚问："怎么才能朝见周天子呢？"石碏答道："陈桓公现在正受周天子宠信，陈国和卫国的关系又和睦，如果去朝见陈桓公，求他向周天子请命，就一定能办到。"石厚跟随州吁到了陈国。石碏派人告诉陈国说："卫国地方狭小，我年纪老迈，没有什么

作为了。来的那两个人，正是杀害我们国君的凶手，敢请趁机设法处置他们。"陈国人将州吁和石厚抓住，并到卫国请人来处置。同年九月，卫国派遣右宰丑前去，在濮地杀了州吁。石碏又派自己的家臣獳羊肩前去，在陈国杀了石厚。

君子说："石碏真是一位纯粹正直的臣子。他痛恨州吁，把石厚也一起处置了。'大义灭亲'，大概就是说的这样的情况吧！"

点师名评

　　"去顺效逆，所以速祸也"这个道理，并不是封建教条，放在今天依然可作为处世哲学的至理。如果放纵自己的欲望而不加以控制，不行普通之社会原则（彼时为君义、臣行、父慈、子孝、兄爱、弟敬），将可能大祸临头。州吁即使贵为公子，也无法逃脱社会秩序维护者的惩治。尽管有些在春秋时合于"义"的东西，今天已经不合于"义"了，但是石碏维护国家利益的正义精神还是应当受到赞扬。此处选文，在叙事上最大的文学贡献在于，提供了一个说理的范本："臣闻爱子，教之以义方，弗纳于邪"一句开宗明义，提出观点；接下来，一方面提出"骄、奢、淫、泆，所自邪也"，一方面提出"夫宠而不骄……者，鲜矣"，再以"六逆""六顺"正反对照说理，"去顺效逆"处进行总括，充分证明这种行为的危害；最后，用身死异处这个血腥的结局证明开宗之观点，短小精悍而论证严密。

鲁隐公菟裘归计

名师导读

　　鲁桓公年纪小，便由年长的鲁隐公摄政，长时间以来鲁国国政都是鲁隐公执掌的。鲁桓公长大后，鲁隐公便想在菟裘为自己盖一个养老之所以安度晚年，之后找个正式的机会与场合，把王位交还于鲁桓公。大臣羽父想谋取更高的官位，先是出主意想帮鲁隐公杀了鲁桓公，鲁隐公断然拒绝了，羽父便转而去帮鲁桓公除掉了鲁隐公。这里主要记录了隐公十一年的几个事件：滕、薛争长，会齐侯、郑伯伐许，王取郑田，息侯伐郑，虢师伐宋，隐公之死。

【原文】

　　十一年春，滕侯、薛侯来朝，争长。薛侯曰："我先封①。"滕侯曰："我，周之卜正②也。薛，庶姓③也，我不可以后之。"

　　公使羽父请于薛侯曰："君与滕君辱在寡人。周谚有之曰：'山有木，工则度之；宾有礼，主则择之。'周之宗盟，异姓为后。寡人若朝于薛，不敢与诸任④齿⑤。君若辱贶⑥寡人，则愿以滕君为请。"薛侯许之，乃长滕侯。

【注释】

①先封：先受封。薛国是老的诸侯国，在夏朝时便已受封。

②卜正：官名，为卜官之长。

③庶姓：外姓，非周朝同姓。

④诸任：指任姓诸侯。

⑤齿：列，并列。

⑥贶（kuàng）：加惠。

【译文】

鲁隐公十一年春季，滕侯、薛侯前来朝见，争执行礼的先后。薛侯说："我先受封。"滕侯说："我是周朝的卜正官，薛国是外姓，我不能落后于他。"

鲁隐公派羽父同薛侯商量说："承蒙君王和滕侯前来问候寡人，周朝有句俗话说：'山上有树木，工匠就量材使用；宾客有礼貌，主人就加以选择。'按周朝的会盟礼制，异姓在后面。寡人若到薛国朝见，就不敢和任姓诸国并列。如果承蒙君王加惠于我，那就希望君王同意滕侯的请求。"薛侯同意了，于是让滕侯先行朝礼。

【原文】

夏，公会郑伯于郲，谋伐许①也。

郑伯将伐许，五月甲辰，授兵于大宫②。公孙阏与颍考叔争车，颍考叔挟辀③以走，子都拔棘④以逐之。及大逵⑤，弗及，子都怒。

【注释】

①许：周代诸侯国名，姜姓，在今河南许昌，春秋时国小而近郑，为郑所逼。

②大宫：太宫，郑国祖庙。

③辀（zhōu）：车辕。

④棘：戟。戟为戈与矛两种兵器结合而成。

⑤逵（kuí）：路。古代能并列通过九辆车马的路称为逵。

【译文】

夏季，隐公和郑庄公在郲地会见，策划进攻许国。

郑庄公准备进攻许国，五月二十四日，在太祖庙内发放武器。公孙阏（子都）和颖考叔争夺兵车，颖考叔挟起车辕就跑，子都拔出戟追上去。追到大路，没有追上，子都很愤怒。

【原文】

秋七月，公会齐侯①、郑伯伐许。庚辰，傅②于许，颖考叔取郑伯之旗蝥弧③以先登，子都自下射之，颠。瑕叔盈又以蝥弧登，周麾④而呼曰："君登矣！"郑师毕登。壬午，遂入许。许庄公奔卫。

齐侯以许让公。公曰："君谓许不共⑤，故从君讨之。许既伏其罪矣，虽君有命，寡人弗敢与闻。"乃与郑人。

【注释】

①齐侯：齐僖公。

②傅：通"附"，附着。这里指包围、汇合。

③蝥（máo）弧：旗帜的名称。

④周麾（huī）：遍招，挥舞。

⑤共：通"恭"，恭敬。这里指交纳贡品。

【译文】

秋，七月，隐公联合齐僖公、郑庄公进攻许国。初一，军队汇合攻打许城，颍考叔拿着郑庄公的旗帜"蝥弧"争先登上城墙，子都从下面用箭射他，颍考叔摔下来死了。瑕叔盈又举着"蝥弧"登上城墙，挥动旗帜大喊说："国君登城了！"于是郑国的军队全部登上了城墙。初三，郑庄公便占领了许国。许庄公逃亡到卫国。

齐侯把许国让给隐公。隐公说："君王说许国不交纳贡品，所以寡人才跟随君王讨伐它。许国既然已经认罪了（我便已完成使命），即便君王想把它赠送出去，我也不敢过问这件事。"于是就把许国的土地送给了郑庄公。

【原文】

郑伯使许大夫百里奉许叔①以居许东偏②，曰："天祸许国，鬼神实不逞③于许君，而假手于我寡人。寡人唯是一二父兄不能共亿④，其敢以许自为功乎？寡人有弟，不能和协，而使糊其口⑤于四方，其况能久有许乎？吾子其奉许叔以抚柔此民也，吾将使获也佐吾子。若寡人得没于地，天其以礼悔祸于许？无宁兹许公复奉其社稷⑥。唯我郑国之有请谒⑦焉，如旧昏媾⑧，其能降以相从也。无滋他族实逼处此，以与我郑国争此土也。吾子孙其覆亡之不暇，而况能禋祀许乎？寡人之使吾子处此，不唯许国之为，亦聊以固吾圉⑨也。"乃使公孙获处许西偏，曰："凡而器用财贿⑩，无置于许。我死，乃亟去之。吾先君新邑于此，王室而既卑矣，周之子孙日失其序⑪。夫许，大岳之胤⑫也，天而既厌周德矣，吾其能与许争乎？"

【注释】

① 许叔：许庄公之弟。

② 东偏：东部边境小邑。

③ 不逞（chěng）：不快，不满。

④ 共亿：相安。亿，安。

⑤ 糊其口：寄食，乞食。

⑥ 社稷：土谷之神，代称国家。

⑦ 请谒（yè）：请求。

⑧ 昏媾（gòu）：有婚姻关系亲属的统称。昏，同"婚"。

⑨ 圉（yǔ）：边境。

⑩ 财贿：财物，财货。

⑪ 序：通"绪"，事业。

⑫ 胤（yìn）：后代。

【译文】

　　郑庄公让许国大夫百里侍奉许叔并让他们住在许都的东部边邑，说："上天降祸于许国，是鬼神确实对许君不满意，才借我的手惩罚他。我这儿连一两个父老兄弟都不能相安，难道敢把讨伐许国作为自己的功劳？我有个兄弟，不能和睦相处，而使他四处乞食，我难道还能长久占据许国？您应当侍奉许叔来安抚这里的百姓，我准备让公孙获来帮助您。假如我得以善终，上天可能又依礼而撤回加给许国的祸害，让许公再来治理他的国家。那时候只要我郑国对许国有所请求，许国可能还会像对待老亲戚一样，降格而同意的。不要让他国逼近我们的处所，来同我郑国争夺这块土地。我的子孙挽救危亡还来不及，难道还能替许国敬祭祖先吗？我让您留在这里，不仅是为了许国，也是为了巩固我的边疆。"于是就让公孙获住在许城的西部，并对他说："凡是你的器用财物，不要放在许国。我死后就赶紧离开这里。我祖先在这里新建城邑，周王室已经逐渐衰微，我们这些周朝的子孙一天天丢掉自己的事业。而许国，是四岳的后代，上天既然已经厌弃了周朝，我哪里还能和许国争夺呢？"

【原文】

君子谓："郑庄公于是乎有礼。礼，经国家，定社稷，序民人，利后嗣者也。许，无刑①而伐之，服而舍之，度②德而处之，量力而行之，相时而动，无累后人，可谓知礼矣。"

郑伯使卒出豭③，行④出犬鸡，以诅射颍考叔者。君子谓："郑庄公失政刑⑤矣。政以治民，刑以正邪。既无德政⑥，又无威刑⑦，是以及邪。邪而诅之，将何益矣。"

【注释】

①刑：指法度。

②度：考虑。

③豭（jiā）：公猪。

④行（háng）：古代军制，二十五人为一行。

⑤政刑：政令和刑罚。

⑥德政：旧指有仁德的政治措施或政绩。

⑦威刑：严厉的刑法。

【译文】

君子说："郑庄公在这件事情的处理上合乎礼。礼，是治理国家、安定社稷、使百姓有序、使后代有利的工具。许国违背法度而庄公讨伐他们，服罪了就宽恕他们，揣度自己德行而处事，衡量自己力量而做事，看准时机而行动，不要累及后人，这就可以说是懂得礼了。"

郑庄公让一百名士兵拿出一头公猪，二十五人拿出一条狗和一只鸡，用来诅咒射死颍考叔的凶手。君子认为："郑庄公失掉了政令和刑罚。政令用来治理百姓，刑罚用来纠正邪恶。既缺乏有仁德的政治，又没有威严的刑法，所以才产生邪恶。产生邪恶后才加以诅咒，又能有什么好处。"

【原文】

王取邬、刘、芴、邘之田于郑，而与郑人苏忿生之田——温、原、绨、樊、隰郕、欑茅、向、盟、州、陉、隤、怀。君子是以^①知桓王之失郑也。恕而行之，德之则也，礼之经^②也。己弗能有而以与人，人之不至，不亦宜乎？

郑、息有违言^③，息侯伐郑。郑伯与战于竟^④，息师大败而还。君子是以知息之将亡也。不度^⑤德，不量力，不亲亲，不征辞，不察有罪，犯五不韪^⑥，而以伐人，其丧师也，不亦宜乎？

【注释】

①是以：因此。
②经：常规。
③违言：表示不满的违忤之言。
④竟：同"境"，国境。
⑤度：揣度。
⑥不韪（wěi）：不是，过错。

【译文】

周天子在郑国取得邬、刘、芴、邘的土地，却给了郑国人原来属于苏忿生的土地——温、原、绨、樊、隰郕、欑茅、向、盟、州、陉、隤、怀。君子因此而知道桓王将会失去郑国。按照恕道办事，是德的准则，也是礼的常规。自己不能保有，就拿来送给别人，其他人不再来朝见，不也是应该的吗？

郑国、息国之间有了口舌，息侯就进攻郑国。郑庄公和息侯在国境内作战，息国的军队大败而回。君子因此知道息国将要灭亡了。不揣度德行，不考虑力量，不亲近亲邻，不分辨是非，不察明罪责，息国犯了这五种过错，还要去讨伐别人，他丧失军队，不也是应该的吗？

【原文】

冬十月，郑伯以虢师伐宋。壬戌，大败宋师，以报其入①郑也。宋不告②命，故不书。凡诸侯有命，告则书，不然则否。师出臧否③，亦如之。虽及灭国，灭不告败，胜不告克，不书于策。

【注释】

①入：进攻，攻入。
②告：报告。
③臧（zāng）否（pǐ）：善恶，指好与不好。

【译文】

冬，十月，郑伯带着虢国的军队攻打宋国。十四日，把宋国的军队打得大败，以报复宋国攻入郑国的那次战役。宋国没有来报告这件事，所以《春秋》未加记载。凡是诸侯发生大事，前来报告就记载，不然就不记载。出兵顺利或者不顺利，也是一样。即使国家被灭亡，被灭的不报告战败，夺取胜利的不报告战胜，也不记载在简册上。

【原文】

羽父请杀桓公，将以求大宰①。公曰："为其少故也，吾将授之矣。使营②菟裘，吾将老焉。"羽父惧，反谮③公于桓公而请弑之。

【注释】

①大宰：太宰，官职名，执掌政事。

②营：营建，建造。

③谮（zèn）：诬陷。

【译文】

鲁国大夫羽父请求杀掉桓公，想借此求得太宰的官职。隐公说："从前因为他年轻，所以我代为摄政，现在我打算把国君的位子交还给他。我已经派人在菟裘建筑房屋，打算告老退位了。"羽父害怕了，反过来在桓公那里诬陷隐公，而请求桓公杀掉隐公。

【原文】

公之为公子也，与郑人战于狐壤，止①焉。郑人囚诸尹氏，赂尹氏，而祷于其主钟巫，遂与尹氏归，而立其主。十一月，公祭钟巫，齐于社圃，馆于寪氏。壬辰，羽父使贼弑公于寪氏，立桓公而讨②寪氏，有死者。不书葬，不成丧③也。

【注释】

①止：阻止，指被俘获。

②讨：征伐，发动攻击。

③成丧：齐备居丧之礼，指举行丧礼。

【译文】

隐公还是公子的时候，曾率兵同郑国人在狐壤交战，被俘获。郑国人把他囚禁在尹氏那里，隐公贿赂尹氏，并在尹氏所祭神主钟巫之前祷告，于是就和尹氏一同回国而在鲁国立了钟巫的神主。十一月，隐公将要祭祀钟巫，在社圃斋戒，住在寪氏那里。十五日，羽父让杀手在寪家刺杀隐公，立桓公为国君，并且讨伐穷氏，穷氏有人被枉杀。《春秋》没有记载安葬隐公，是因为桓公没有按国君的规格为隐公举行丧礼。

名师点评

　　鲁隐公的最终结局，充分阐释了"身不由己"这个道理。即使你的决定合乎礼义，又无私，可是若威胁到他人利益时，有可能遭到羽父这种有野心之人的陷害，"菟裘"之营只是理想罢了。此处选文，在叙事上有两个文学手法值得关注：一是颍考叔与子都两将争车、夺旗这一情节中，使用"争""挟""走""拔""逐""及""怒""登""射""颠"等词，描绘出两人的神态、动作，一字千金，完全使二人之傲气与血性跃然纸上，令人想起后世历史演义小说中常常出现的场景；二是"使营菟裘，吾将老焉"的功成身退思想在文学形象中生根发芽，"鲈鱼堪脍"的典故进一步深化这种归隐情感，唐宋诗文词中抒写高位或宦海退隐的文人情绪则蔚然成风。

延伸/阅读

石　碏

　　石碏，春秋时期卫国大夫。春秋时，康叔的六世孙卫靖伯有个孙子叫公孙碏，字石，又称石碏，是卫国的贤臣。其为人耿直，体恤百姓疾苦，是朝歌城内德高望重的卫国的老臣，深得国人的信任和爱戴。石碏看到卫庄公对州吁的宠爱和放纵之后，就多次劝谏庄公，要他好好管教州吁。庄公不听。桓公继位，州吁袭杀桓公而自立，石碏与陈侯合谋袭杀州吁，迎立公子晋，即卫宣公。

学海/拾贝

☆　多行不义，必自毙。

☆　大隧之中，其乐也融融！

周桓王伐郑

　　周王室与郑国的关系逐渐恶化，以至破裂。郑庄公通过一系列的努力，使郑国在当时的各诸侯国中占有了极其重要的地位，成为春秋初期的"小伯"。周桓王重用周公黑肩，依靠虢国，拉拢曲沃，扶植翼侯，逐步削夺了郑庄公王朝卿士的权力，后带领各诸侯国部队前去攻打郑国，结果遇到了强大的对手，反而被郑国打败。郑庄公执掌郑国时，是郑国历史上最为强大的时期。周天子的绝对权威已不复存在，受到武力强大的诸侯国的挑战，周桓王之败是重要节点，封建秩序已被击破入口。这里记载的是桓公五年所发生的事。

【原文】

　　王①夺郑伯政，郑伯不朝。

　　秋，王以诸侯伐郑，郑伯御之。

　　王为中军；虢公林父将右军，蔡人、卫人属焉；周公黑肩将左军，陈人属焉。

　　郑子元请为左拒②以当蔡人、卫人，为右拒以当陈人，曰："陈乱，民莫有斗心，若先犯之，必奔。王卒顾之，必乱。蔡、卫不枝③，固将先奔。既而萃④于王卒，可以集事⑤。”从之。曼伯为右拒，祭仲足为左拒，原繁、高渠弥以中军奉公，为鱼丽⑥之陈⑦，先偏⑧后伍⑨，伍承弥⑩缝。

【注释】

① 王：周桓王。
② 左拒：在左方作战的方阵。拒，方阵。
③ 枝：通“支”，支持。
④ 萃：聚，聚集。
⑤ 集事：成事。
⑥ 鱼丽：阵名。
⑦ 陈：“阵”的古字。
⑧ 偏：车战以二十五乘为偏。
⑨ 伍：五人为一伍，车在前，伍居后。
⑩ 弥：弥补，添补。

【译文】

周桓王夺去了郑庄公参与王政的权力，郑庄公从此不再朝觐。

秋季，周桓王率领诸侯讨伐郑国，郑庄公出兵抵抗。

周桓王亲自统率中军；虢公林父率领右军，蔡军、卫军从属于右军；周公黑肩率领左军，陈军从属于左军。

郑国的子元请求组成左方阵来抵抗蔡军和卫军，组成右方阵来抵御陈军，他说：“陈国刚发生动乱，百姓都缺乏斗志，若先攻打他们，他们一定奔逃。周王的中军去照应他们，阵容必然发生混乱。蔡、卫两国军队不能互相支援，也一定争先奔逃。这时我们集中兵力攻打中军，就可以获得成功。"郑庄公同意了。曼伯做右方阵的主将，祭仲足做左方阵的主将，原繁、高渠弥率领中军护卫郑庄公，摆成鱼丽之阵，兵车在前，步卒在后，以步卒来弥补兵车的空隙。

【原文】

战于繻葛①，命二拒曰："旝②动而鼓。"蔡、卫、陈皆奔，王卒乱，郑师合以攻之，王卒大败。祝聃射王中肩，王亦能军③。祝聃请从④之。公曰："君子不欲多上人，况敢陵⑤天子乎！苟自救也，社稷无陨，多矣。"夜，郑伯使祭足劳⑥王，且问⑦左右。

【注释】

扫码看视频

① 繻葛：郑国地名，在今河南长葛。

② 旝（kuài）：古代作战时用的一种令旗。

③ 军：指挥军队。

④ 从：追逐，追击。

⑤ 陵：欺凌，凌辱。

⑥ 劳：慰劳。

⑦ 问：慰问。

【译文】

战斗在繻葛展开了，郑庄公命令左右方阵："令旗一动，就击鼓进军。"结果蔡、卫、陈三国军队都溃散奔逃，周王的中军也顿时大乱，郑军从左右两边合力夹击，周军最终大

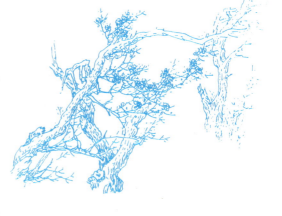

败。祝聃一箭射中周桓王的肩膀，但周桓王仍能指挥军队。祝聃请求郑伯下令追击。郑庄公说："君子不希望欺人太甚，又怎敢欺凌天子呢？若能够自救，社稷不致倾覆，这就足够了。"夜间，郑庄公派祭仲足慰劳周天子，同时问候周王的左右随从。

【原文】

仍叔之子来聘，弱①也。

秋，大雩②。书，不时③也。凡祀，启蛰④而郊⑤，龙见⑥而雩，始杀⑦而尝⑧，闭蛰⑨而烝⑩。过⑪则书。

冬，淳于公如曹。度其国危，遂不复。

【注释】

①弱：年幼，年少。

②雩（yú）：古代为求雨而举行的一种祭祀。

③不时：不合时。

④启蛰：节气名。动物经冬日蛰伏，至春又复出活动，故称"启蛰"，今称"惊蛰"，指初春时节。

⑤郊：郊祭，古代帝王在郊外祭祀天地。

⑥龙见：角、亢两宿于黄昏出现于东方，即可谓之"龙见"。是时为孟夏时节。龙，东方七宿（角、亢、氐、房、心、尾、箕）称苍龙，省称龙。见，同"现"。

⑦始杀：谓秋气至，开始肃杀。此时是孟秋时节。

⑧尝：秋天的祭祀。

⑨闭蛰：动物蛰伏。此时是孟冬时节。

⑩烝（zhēng）：古代冬祭名。

⑪过：超过，过时。

【译文】

仍叔的儿子前来聘问，《春秋》之所以不记载他的名字，是因为他还年轻。

秋季，举行雩祭求雨。《春秋》记载这件事，是因为这是不合时宜的祭祀。凡是祭祀，初春举行郊祭，孟夏举行雩祭，孟秋举行尝祭，孟冬举行烝祭。如果过了规定的时间举行祭祀，就加以记载，表示不是通常的祭祀。

冬天，州国的淳于公去到曹国。他估计自己的国家将有危难，便没有回国。

名师点评

繻葛之战在春秋史上很重要，它是长期以来周、郑矛盾激化的结果，可以看作周桓王为维护和恢复王权而进行的最后一搏，也是对郑庄公对外扩张的一次有力反击。东周战败，使周王室声名扫地，"礼乐征伐自天子出"的传统从此消亡。《左传》有不少片段描写战争，此前记叙大多重在交代战事的起因、经过、结局与是否合礼制秩序，这段叙事可谓首次记录了"鱼丽阵"的阵式，也是首次描写战时指挥军队的方式——"旗动而鼓"。明代早期章回体历史演义成书时，有"据正史"的特点，在战阵描写方面，想必也受到相关正史类似记载的影响。

延伸/阅读

鱼丽之阵

　　鱼丽之阵，也称鱼丽阵。鱼丽阵以车居前，以伍次之（五人为伍），先偏后伍（车战二十五乘为偏），承偏之隙而弥缝阙漏也。大将位于阵形中后，主要兵力在中央集结，分作若干鱼鳞状的小方阵，按梯次配置，前端微凸，属于进攻阵形，攻击力高，但防御偏弱。本卷《周桓王伐郑》中就开始采用"鱼丽之阵"了。

学海/拾贝

　　☆ 君子不欲多上人，况敢陵天子乎！
　　☆ 苟自救也，社稷无陨，多矣。

齐国及瓜之乱

名师导读

齐襄公时，因为边疆条件十分艰苦，派遣大臣去守卫时，无人前去，于是齐襄公许诺：以瓜熟满一年为期限，便派人前去替换。一年之后，齐襄公却让所派守士继续留守，不再兑现之前的承诺。守卫边疆的大臣便联合王室成员发动了叛乱，齐襄公被杀死，公孙无知自立为齐王，襄公的两个弟弟公子纠和公子小白，自此便开始了艰难的逃亡生活。庄公八年的及瓜之乱是齐国内乱频繁之肇始。

【原文】

齐侯使连称、管至父戍葵丘①。瓜时②而往，曰："及瓜而代③。"期戍，公问④不至。请代，弗许。故谋作乱。

僖公之母弟曰夷仲年，生公孙无知，有宠于僖公，衣服礼秩如適⑤。襄公绌⑥之。二人因之以作乱。连称有从妹⑦在公宫，无宠，使间公。曰："捷⑧，吾以女为夫人⑨。"

【注释】

①葵丘：春秋齐地，在今山东临淄北。

②瓜时：瓜熟的时节。

③代：代替，替换。

④问：询问，这里指换防的命令。

⑤適：通"嫡"，正妻所生的孩子。

⑥绌（chù）：通"黜"，贬退。这里指降低待遇。

⑦从妹：堂妹。

⑧捷：胜利，成功。

⑨夫人：君夫人，诸侯之妻。

【译文】

齐襄公派连称、管至父驻守葵丘。他们是瓜熟时节去的，齐襄公当时说："到明年瓜熟的时候派人去替换你们。"驻守了一年，齐襄公的命令还不见传来。他们请求派人来代替，也未获得批准。所以连称、管至父两人就策划叛乱。

齐僖公的同母兄弟叫夷仲年，生了公孙无知，很得僖公的宠爱，衣服礼仪的待遇等级都如同嫡子一样。齐襄公即位后降低了公孙无知的待遇，于是连称、管至父二人便利用公孙无知的不满而发动叛乱。连称有个堂妹在齐襄公的后宫，不得宠，就让她去监视襄公的情况。公孙无知告诉她说："事情成功，我就立你为君夫人。"

【原文】

冬十二月，齐侯游①于姑棼，遂田②于贝丘③。见大豕④，从者曰："公子彭生也。"公怒曰："彭生敢见！"射之，豕人立⑤而啼。公惧，队⑥于车，伤足，丧屦⑦。反，诛⑧屦于徒人费。弗得，鞭之，见血。走出，遇贼于门，劫而束之。费曰："我奚⑨御⑩哉！"
袒而示之背，信之。费请先入，伏公而出，斗，死于门中。石之纷
如死于阶下。遂入，杀孟阳于床，曰："非君也，不类⑪。"见公之
足于户下，遂弑之，而立无知。

初，襄公立，无常⑫。鲍叔牙曰："君使民慢，乱将作矣。"奉
公子小白出奔莒。乱作，管夷吾、召忽奉公子纠来奔。

【注释】

①游：巡游，巡视。

②田：田猎，打猎。

③贝丘：在今山东博兴东南。

④豕（shǐ）：猪。

⑤人立：像人一样站立。

⑥队：通"坠"，摔下，掉下。

⑦屦（jù）：古时用麻、葛等制成的单底鞋。

⑧诛：责求，索取。

⑨奚：怎样，如何。

⑩御：抵御，抵抗。

⑪类：像，类似。

⑫无常：没有常态，指行动没有准则。

【译文】

冬季，十二月，齐襄公在姑棼巡视，顺便在贝丘打猎。看见一头
大野猪，侍从说："这是公子彭生。"襄公很生气说："彭生岂敢来见
我！"便用箭射它。野猪像人一样站起来啼叫。齐襄公感到害怕，从车
上摔了下来，伤了脚，丢了鞋。回去之后，向徒人费要鞋。费找不到鞋

子，齐襄公就鞭打他，打得流血。费从宫中出来，在宫门口遇上叛贼，叛贼把他劫持并捆了起来。费说："我怎么会抵抗你们呢？"他解开衣服，让他们看自己背上的伤，叛贼相信了他的话。费请求先进宫去，进宫后，他把齐侯隐藏了起来，接着便出宫和叛贼搏斗，战死在宫门内。石之纷如死在台阶下。叛贼便冲进宫中，在床上杀了襄公的替身孟阳，说："不是国君，相貌不像。"他们发现齐襄公的脚露在门下面，就把他杀了，拥立公孙无知为国君。

当初，齐襄公立为国君，施政没有准则。鲍叔牙说："国君放纵，百姓自然轻慢，祸乱必将发生。"于是护卫公子小白逃到莒国。不久祸乱发生，管夷吾、召忽二人便护卫公子纠逃到鲁国。

点师名评

　　齐襄公由于失信于臣下而被弑，齐国内乱。公子小白即后来的齐桓公出逃至莒国，公子纠逃到鲁国。《左传》叙事，除了写人事以外，还爱说神怪之事，谈因果报应等，借助写鬼怪来写人情。如描写公子彭生变成野猪索命，颇具神异色彩。

曹刿论战

名师导读

　　庄公十年，齐国兴师攻伐鲁国，在鲁国的长勺开战，这就是历史上著名的齐、鲁长勺之战。选文对战事描写简略，而详细于论战。战前，曹刿针对"何以战"三问鲁庄公，强调人心向背是战争取胜的首要条件；作战时，曹刿指挥鲁军进行反攻和追击，一言半语间足见其对战机把握之准确；战后论述取胜原因，道出"夫战，勇气也。一鼓作气，再而衰，三而竭"，成为经典论战。

【原文】

　　十年春，齐师伐我①。公②将战，曹刿③请见。其乡人曰："肉食者④谋之，又何间⑤焉？"刿曰："肉食者鄙⑥，未能远谋。"乃入见。问："何以战？"公曰："衣食所安，弗敢专⑦也，必以分人。"对曰："小惠未遍，民弗从也。"公曰："牺牲⑧玉帛，弗敢加⑨也，必以信⑩。"对曰："小信未孚⑪，神弗福也。"公曰："小大之狱⑫，虽不能察，必以情⑬。"对曰："忠之属也，可以一战，战则请从。"

　　公与之乘⑭，战于长勺⑮。公将鼓⑯之。刿曰："未可。"齐人三鼓，刿曰："可矣。"齐师败绩⑰。公将驰之。

扫码看视频

刿曰："未可。"下视其辙^⑱，登轼^⑲而望之，曰："可矣。"遂逐齐师。

　　既克，公问其故。对曰："夫战，勇气也。一鼓作气^⑳，再而衰，三而竭。彼竭我盈，故克之。夫大国，难测也，惧有伏焉。吾视其辙乱，望其旗靡^㉑，故逐之。"

【注释】

①我：指鲁国。作者站在鲁国立场记事，所以书中"我"即指鲁国。

②公：指鲁庄公。

③曹刿（guì）：鲁国大夫。

④肉食者：指做大官的人。当时大夫以上的官每天可以吃肉。

⑤间（jiàn）：参与。

⑥鄙：鄙陋，指见识短浅。

⑦专：专有，独占。

⑧牺牲：祭礼时用的牲畜，如牛、羊、猪。

⑨加：夸大。

⑩信：真实，诚实。

⑪孚：信任。

⑫狱：案件。

⑬情：情理。

⑭乘：乘战车。

⑮长勺：地名，今山东莱芜东北。

⑯鼓：击鼓，指进军。

⑰败绩：大败。

⑱辙：车轮经过留下的印迹。

⑲轼：车前供乘者扶靠的横木。

⑳作气：鼓足士气。

㉑靡：倒下。

【译文】

鲁庄公十年春，齐国军队攻打鲁国。鲁庄公将要出兵应战，曹刿请求见庄公。他的同乡人说："做大官的人会谋划这件事，你又何必参与呢？"曹刿说："做大官的人见识短浅，不能深谋远虑。"于是他入朝拜见庄公。曹刿问庄公："您凭借什么去同齐国作战？"庄公答道："衣食一类用来安身的物品，我不敢独自享用，必定要分一些给别人。"曹刿说："这种小恩小惠没有遍及每个民众，他们不会跟从您去作战的。"庄公说："祭祀用的牲畜、宝玉和丝绸，我不敢夸大，对神灵一定会做到忠实诚信。"曹刿答道："这种小信不足以使神灵信任，神灵是不会赐福的。"庄公说："大大小小的案件，虽然不能一一探明底细，也一定会处理得合乎情理。"曹刿说："这是尽心尽力为民办事的表现，可以凭这个同齐国打仗。打仗的时候，请让我跟您一同去。"

庄公和曹刿同乘一辆战车，在长勺同齐军交战。庄公正想击鼓进兵，曹刿说："还不行。"齐军已经击了三通鼓，曹刿说："可以了。"齐军被打得大败，庄公准备驱车追击。曹刿说："还不行。"他下了车，察看齐军车轮的印迹，然后登上车前的横木瞭望齐军，说："可以追击了。"于是开始追击齐军。

鲁军打了胜仗之后，庄公问曹刿取胜的原因。曹刿回答说："打仗凭的是勇气。第一次击鼓时士兵们鼓足了勇气，第二次击鼓时勇气就衰退了，第三次击鼓时勇气便耗尽了。敌方的勇气耗尽时，我们的勇气正旺盛，所以能取胜。大国用兵作战难以预测，我担心他们设兵埋伏。后来，我看出他们的车轮印很乱，望见他们的旗帜倒下，所以才去追击他们。"

点名师评

　　曹刿具有居江湖而忧国事的平民责任感，其对战事的分析谋勇俱佳，具有先见之明。此外，我们还应该佩服鲁庄公。因为按照彼时封建秩序，曹刿的身份职位是无法面见鲁庄公的，但他接见了，面对曹刿近乎"无礼"的质问，非常耐心地回应、解说。且无条件地任曹刿按自己的策略判断攻守，还不顾身份地位差异，让他乘坐自己的马车，这得需要多宽厚的胸怀啊！我们感到困惑的是，鲁庄公为什么如此大胆甚至儿戏地将战事指挥权交给此前无谋面无军政职务的人，直到赢了才问"为什么"，如此淡定，魄力惊人。这就涉及文学创作的魅力。这是因为作者采用了"悬念设置"的手法来安排情节，等事件尘埃落定才回过头来说明这样做的目的与心理，使人有恍然大悟的感觉，心中的各种疑问才水落石出。

延伸/阅读

鲁庄公

　　鲁桓公在齐被杀，其与正妻文姜所生嫡长子姬同继任鲁国国君，是为鲁庄公，乃春秋时期鲁国第十六任君主，在位三十二年。公元前684年，齐、鲁两国爆发长勺之战，鲁庄公听从曹刿的建议，从而带领鲁军击败齐国。《左传》经典篇目《曹刿论战》即记载此事。孔子在《春秋》里，以"十年春王正月，公败齐师于长勺"十余字记述了齐、鲁长勺之战的经过，客观地说明了鲁国的胜利是在鲁庄公的指挥下取得的，庄公的功绩不可埋没。

学海/拾贝

☆　君使民慢，乱将作矣。

☆　夫战，勇气也。一鼓作气，再而衰，三而竭。彼竭我盈，故克之。

管仲陈霸王之器

名师导读

公子小白即位后，称为齐桓公，任管仲为相，推行改革，制定了富国强兵之策，欲使齐国强盛起来，称霸诸侯。该时期齐国的对外策略是"尊王攘夷（尊崇王室，排斥夷狄）"，即以尊崇周天子为名，将各诸侯约束在自己的阵营当中，使他们以自己为首，将齐国视为诸侯的盟主，这是齐桓公"尊王"政策的具体实行；"攘夷"政策的具体实行有援救受到夷人侵扰的邢国，团结如鲁国在内的其他诸侯国等。闵公元年，还发生了齐人救邢、季子来归、仲孙湫省难这几件大事。

【原文】

元年春，不书即位，乱故也。

狄人伐邢①。管敬仲②言于齐侯曰："戎狄豺狼，不可厌也。诸夏③亲昵，不可弃也。宴安鸩毒④，不可怀也。《诗》云：'岂不怀归，畏此简书。'⑤简书，同恶相恤⑥之谓也。请救邢以从简书。"齐人救邢。

【注释】

①邢：古国名。姬姓，始封之君为周公之子，春秋时为郑所灭，在今河北邢台。

②管敬仲：管仲。

③诸夏：指中原诸国。

④鸩（zhèn）：毒药毒酒。鸩，毒鸟名，用其羽毛浸酒，能使人饮后立死。

⑤"《诗》云"句：出自《诗·小雅·出车》。简书，用于告诫、策命、盟誓、征召等事的文书，也指告急文书。

⑥同恶相恤：因为有共同的利害而相互关心。犹同仇敌忾。

【译文】

鲁闵公元年春季，《春秋》未记载闵公即位，是因为鲁国发生了动乱而不能举行即位仪式。

狄人进攻邢国。管仲对齐桓公说："戎狄犹如豺狼，是不能满足的。中原各诸侯国互相亲近，是不能彼此抛弃的。安逸等于毒药，是不能怀恋的。《诗》说：'怎会不想着回去，只是怕这个竹简上的告急文书。'竹简上的军令文字，是告诉我们要同仇敌忾、忧患与共，因此请求您依从简书而救邢国。"于是齐国人出兵救援邢国。

【原文】

夏六月，葬庄公。乱故，是以缓①。

秋八月，公及齐侯盟于落姑，请复②季友也。齐侯许之，使召③诸陈，公次于郎以待之。"季子来归"，嘉④之也。

冬，齐仲孙湫来省难⑤。书曰"仲孙"，亦嘉之也。

【注释】

①缓：延缓，推迟。

②复：返回。

③召：召回。

④嘉：嘉奖，赞美。

⑤省难：对祸难表示慰问。

【译文】

夏，六月，安葬庄公。因为发生动乱，所以推迟了。

秋，八月，闵公和齐桓公在落姑结盟，请求齐桓公帮助季友回国。齐桓公同意了，派人从陈国召回季友，闵公住在郎地等候他。《春秋》记载为"季子来归"，这是对季友的赞美。

冬季，齐国的仲孙湫前来对灾难表示慰问。《春秋》称之为"仲孙"，也是在赞美他。

【原文】

仲孙归，曰："不去①庆父，鲁难未已②。"公曰："若之何而去之？"对曰："难不已，将自毙③，君其待④之。"公曰："鲁可取⑤乎？"对曰："不可，犹秉周礼。周礼，所以本⑥也。臣闻之，国将亡，本必先颠⑦，而后枝叶从之。鲁不弃周礼，未可动也。君其务宁鲁难而亲之。亲有礼，因重固⑧，间携贰，覆⑨昏乱，霸王之器⑩也。"

【注释】

①去：除去，除掉。

②已：停止，尽头。

扫码看视频

③自毙：自取灭亡。

④待：等待，等着。

⑤取：取得。

⑥本：根本。

⑦颠：跌落，颠覆。

⑧重固：指根基厚重坚固的国家。

⑨覆：翻转，倾覆。

⑩器：方法。

【译文】

仲孙回国后，对齐桓公说："不除掉庆父，鲁国的祸患无法停止。"齐桓公说："如何才能除掉他？"仲孙回答说："祸患不止，将会自取灭亡，您就等着吧。"齐桓公说："鲁国可以取得吗？"仲孙说："不行，他们还遵行周礼。周礼，是立国的根本。下臣听说，国家将要灭亡，就像大树遭毁，躯干必然先行倒下，然后枝叶随着落下。鲁国没有抛弃周礼，是不能动它的。您务必使鲁国除去祸难，安定下来，并且亲近它。亲近有礼仪的国家，依靠稳定强大的国家，离间内部涣散的国家，灭亡昏暗动乱的国家，这是称霸称王的方法。"

名师点评

鲁庄公晚年，政权掌握在其三个弟弟庆父、叔牙、季友手中。庄公死后，三家为继承人的问题发生分歧，庆父连杀鲁公子般和鲁闵公，引发了国内的政治动乱和社会动乱，给国家与百姓带来了灾难。所以，仲孙才会说："不去庆父，鲁难未已。"后来，这句话逐渐演变成成语"庆父不死，鲁难未已"，来比喻不除掉制造内乱的罪魁祸首，国家就不得安宁。文中仲孙为了强调"霸王之器"，在句式上，使用了简洁、流畅、勾连气息强的三字句，在语词上，连续使用了"亲""因""间""覆"四个动词，淋漓尽致地列举了影响霸王事业的主要方面。从文学效果上看，这种句式有气势，可增强说服力，对写论说文与论辩有极大的帮助。

公子鱼哭庆父之丧

　　野心勃勃的庆父串通庄公夫人哀姜接连杀了公子般和闵公两位国君，他为人荒淫无耻，作威作福，横行无忌，给国人带来灾难。在季友和国人的声讨下，庆父和哀姜畏罪逃亡，僖公得以回国平定局势。僖公执掌鲁国国政后，将要惩处庆父。公子鱼去向僖公求情，鲁僖公没有同意，公子鱼便哭着一路回来了。公子鱼的哭声传来，庆父知道自己今日已难逃一死，于是就自杀了。闵公二年，还发生了虢公败犬戎、葬庄公、公傅夺田这几件大事。

【原文】

　　二年春，虢公败犬戎①于渭汭②。舟之侨曰："无德而禄，殃③也。殃将至矣。"遂奔晋。

　　夏，吉禘④于庄公，速⑤也。

【注释】

　　①犬戎：古族名，古戎人的一支。

　　②渭汭（ruì）：渭水入河处，在今陕西华阴东北。

　　③殃：灾难，祸患。

④吉禘（dì）：祭祀大典。

⑤速：加速，提前。古代三年之丧二十五月而毕，然后入庙大祭。庄公当于闵二年八月吉禘，而禘于五月，故曰"速"。

【译文】

鲁闵公二年春季，虢公在渭水流入黄河的地方击败犬戎。虢大夫舟之侨说："无功德而受禄，这就是祸患。灾祸就要降临了。"于是逃亡到晋国去了。

夏季，为庄公举行祭祀大典，时间提前了。

【原文】

初，公傅①夺卜齮田，公不禁②。

秋八月辛丑，共仲使卜齮贼公于武闱③。成季以僖公适邾。共仲奔莒，乃入，立之。以赂求共仲于莒，莒人归之。及密，使公子鱼请。不许，哭而往。共仲曰："奚斯之声也。"乃缢。

【注释】

①傅：保傅。

②禁：禁止。

③武闱：路寝的旁门。

【译文】

当初，闵公的保傅强占鲁大夫卜齮的田地，闵公并没有禁止。

秋季八月辛丑日，共仲（庆父）派卜齮在武闱杀掉闵公。成季带着僖公逃往邾国。共仲逃到莒国后，季友和僖公返回鲁国，立僖公为国君。鲁人用财货向莒国求取共仲，莒国把共仲送回鲁国。共仲到达密地，让公子鱼入朝请求赦免。没有得到同意，公子鱼哭着回去了。共仲说："这是公子鱼的哭声啊。"于是上吊死了。

名师点评

　　庆父是一位制造政治内乱的乱臣贼子，不为国人所容，出奔莒。鲁向莒索要庆父，庆父自杀。真是多行不义必自毙。此后，"庆父"也就成了制造内乱之人的代名词。选文描写"庆父自缢"使用了侧面烘托、语言表述、第三人称限知叙事等文学手段。使用第三人称限知的视角叙述公子鱼求情的结果，却以哭声烘托悲剧气氛，因为庆父很了解公子鱼，所以仅从哭声就可以推断出结果，还用语言表达出来，甚至可以想象到其说"奚斯之声也"时的无奈与哀怨，再用"乃缢"二字果断终结了庆父作威作福成性的一生，达到了戏剧化的效果。这就更加表明庆父罪有应得、天理不容，死得大快人心。

卫懿公好鹤

名师导读

卫国国君卫懿公只知奢侈享乐，不注重民生，并赐给所养的鹤高官厚禄，导致民怨沸腾。闵公二年，狄人进犯卫国。臣民都不愿出力抗敌，毫无斗志，国人都说：您的鹤是国家的栋梁，让它们去与敌人作战吧。虽然卫懿公已经悔改，但已于事无补，最终被狄人打败，卫懿公死于乱军中，还使卫国险些亡国。

【原文】

冬十二月，狄人伐卫。卫懿公好鹤，鹤有乘轩①者。将战，国人受甲者皆曰："使鹤，鹤实有禄位，余焉能战！"公与石祁子玦②，与宁庄子矢③，使守，曰："以此赞④国，择利而为之。"与夫人绣衣，曰："听于二子。"渠孔御戎⑤，子伯为右⑥，黄夷前驱，孔婴齐殿⑦。及狄人战于荧泽，卫师败绩，遂灭卫。卫侯不去其旗，是以甚败。狄人囚史华龙滑与礼孔，以逐卫人。二人曰："我，大史⑧也，实掌其祭。不先，国不可得也。"乃先之。至，则告守曰："不可待也。"夜与国人出。狄入卫，遂从之，又败诸河⑨。

【注释】

①轩：古代一种前顶较高而有帷幕的车子，供大夫以上乘坐。

②玦（jué）：一种玉器，环形，有缺口，常用来表示决断或决绝。

③矢：箭，标志发布军令之权。

④赞：帮助。

⑤御戎：驾驭战车。

⑥右：车右。

⑦殿：殿后，指后卫。

⑧大史：官名，即太史，古代史官，兼管祭祀。

⑨河：指黄河。

【译文】

冬季十二月，狄人攻打卫国。卫懿公喜欢鹤，他养的鹤甚至可以乘坐大夫以上才乘坐的车。卫军要跟狄人作战了，国内接受甲胄武器的人都说："派鹤去吧，鹤实际上享有俸禄官位，我们哪里能作战！"卫懿公把玉玦交给石祁子，把箭交给宁庄子，派他们防守，说："用这东西帮助国家，选择有利的事去做。"又把绣衣交给夫人，说："听从石祁子和宁庄子两人的号令。"渠孔驾驭战车，子伯做车右，黄夷做前驱，孔婴齐殿后。他们和狄人在荧泽交战，结果卫军大败，之后狄人便灭掉了卫国。在作战中，卫懿公不肯丢掉自己的旗帜，被狄人视为攻击目标，所以惨败。狄人囚禁了史官华龙滑和礼孔，带着他们去追击卫军。这两个人说："我们是卫国的太史，掌管祭祀。不让我们先回去，你们就得不到卫国的国都。"于是狄人让他们两人先回去了。他们到了国都，告诉守城的人说："不能再抵御了。"他们在夜里与国都城内的人一起出城逃走。狄人进入卫国国都，紧跟着追击那些逃走的卫人，在黄河边上再次打败了卫国人。

【原文】

初，惠公之即位也少，齐人使昭伯烝于宣姜①，不可，强②之。生齐子、戴公、文公、宋桓夫人、许穆夫人。文公为卫之多患也，先适齐。及败，宋桓公逆③诸河，宵济④。卫之遗民男女七百有三十人，益之以共、滕之民为五千人，立戴公以庐⑤于曹。许穆夫人赋《载驰》⑥。齐侯使公子无亏帅车三百乘、甲士三千人以戍曹。归⑦公乘马，祭服五称⑧，牛羊豕鸡狗皆三百，与门材⑨。归夫人鱼轩⑩，重锦三十两。

【注释】

①宣姜：齐国公主，卫惠公之母。初嫁与卫宣公，生卫惠公，后又被齐人嫁给昭伯。

②强：勉强，强迫。

③逆：迎接。

④宵济：夜渡。

⑤庐：在野外居住，寄居。

⑥《载驰》：《诗经·鄘风》中的一篇。

⑦归：通"馈"，赠送。

⑧称：量词，指配合齐全的一套衣服。

⑨门材：建门户所用的木料。

⑩鱼轩：古代贵族妇女所乘的车，以鱼皮为饰。

【译文】

当年，卫惠公即位的时候还很年轻，齐人让昭伯和宣姜通婚，昭伯不同意，齐人强迫他接受。后来生了齐子、戴公、文公、宋桓夫人、许穆夫人。文公由于卫国祸患频繁，在狄人入侵前先到了齐国。等到卫国失败，宋桓公在黄河岸边迎接卫国人，夜间渡河。卫国的遗民男女总计七百三十人，加上共地、滕地的百姓共有五千人，他们拥立戴公为国君，让他暂时寄住在曹邑。许穆夫人由此创作了《载驰》这首诗。齐桓公派公子无亏率领战车三百辆、甲士三千人守卫曹邑。并赠送给戴公驾车的马匹，祭服五套，牛、羊、猪、鸡、狗各三百，以及做门户用的木材。还赠给戴公夫人用鱼皮装饰的车子，以及精美的丝织品三十四。

名师点评

　　高明的作者往往能把"坏人""好人""小人"都写活了。卫懿公过于沉溺养鹤，以至于兵临城下时，连普通的国人都可以尖刻地讽刺他："你不是喜欢重用鹤吗，你怎么不让它们去作战呢？我们是没本事的人，什么名誉也没得到，我们当然不能出战啦！""小人"形象毕现。但是懿公显然很快就明白了国人的心思，于是做出一系列决绝的行动：把标志裁决之权的玉玦给了石祁子，把标志发布军令之权的箭交给了宁庄子，把象征身份的生活用品给了妻子。交代完毕，整甲亲上战场，从"渠孔御戎，子伯为右，黄夷前驱，孔婴齐殿"的描写看到，将士职责分明，战阵安排有序。从"不去其旗"一句看到，懿公身为国君，仍具有担当精神与责任感，"坏人"也做了好事。连仅是太史的华龙滑与礼孔，都十分机智，竟然由囚徒脱身，回城带领国人逃离，"好人"写得真实。短短一段文字，塑造了城破国将亡时的一系列人物形象，上至性格有缺陷的国君，下至有不满情绪的国人，中至各路将领，无一不鲜明生动，令人叹服。

延伸/阅读

管 仲

春秋时期法家代表人物，中国古代著名的经济学家、哲学家、政治家、军事家，法家之先驱，周穆王的后代。齐桓公继位之后，招揽人才，以图霸业。原本齐桓公是想请鲍叔牙出任齐相的，但是鲍叔牙自认为自己的才能不如管仲，就向齐桓公推荐了管仲。齐桓公接受鲍叔牙的建议，在与管仲畅谈三日三夜之后，为管仲的才华所折服，不仅拜管仲为相，同时称管仲为"仲父"。任职之后，管仲在齐国进行改革，富国强兵，史称"管仲改革"。在管仲的出谋划策和辅佐之下，齐桓公用七年的时间，获得了周边国家的认可，成为公认的霸主，是为春秋五霸之首。管仲被后世尊称为"管子"，誉为"法家先驱""圣人之师""华夏第一相"。

学海/拾贝

☆ 戎狄豺狼，不可厌也。诸夏亲昵，不可弃也。宴安鸩毒，不可怀也。

☆ 不去庆父，鲁难未已。

齐桓公伐楚

名师导读

称霸诸侯的计划在齐国实施的同时，楚国在南方也悄悄地强大起来，而且楚国还在不断向中原发展，这样一来，齐、楚两国间的战争便无法避免了。僖公四年，齐、楚两国展开交锋。楚国的屈完在签订盟约时面对军容强大的联军阵势，以及来势汹汹的霸主，表现得不卑不亢，没有一丝一毫的屈服退让，反倒是以他的义正词严，成功阻止了齐国的侵略。除屈完外，楚国于春天派出的无名使者外交魄力也很强大。而申侯与辕涛涂结局之异，亦说明外交手段在战时极为重要。

【原文】

四年春，齐侯以诸侯之师①侵蔡。蔡溃，遂伐楚。楚子使与师言曰："君处北海，寡人处南海，唯是风②马牛不相及也。不虞君之涉③吾地也，何故？"管仲对曰："昔召康公命我先君大公④曰：'五侯九伯⑤，女实征之，以夹辅周室。'赐我先君履⑥：东至于海，西至于河⑦，南至于穆陵，

扫码看视频

北至于无棣。尔贡包茅不入⑧，王祭不共，无以缩酒⑨，寡人是征；昭王南征而不复，寡人是问。"对曰："贡之不入，寡君之罪也，敢不共给？昭王之不复，君其问诸水滨⑩。"师进，次于陉⑪。

【注释】

①诸侯之师：指鲁、宋、陈、卫、郑、许、曹等参与侵蔡的诸侯军队。

②风：兽类雌雄相诱而相逐。

③涉：进入。这里是婉指入侵。

④先君大公：指西周初齐国的始封国君姜尚。

⑤五侯九伯：泛指各国诸侯。

⑥履：践履所及。这里指齐国可以征讨的范围。

⑦河：黄河。

⑧入：进贡。

⑨缩酒：滤酒去渣。

⑩水滨：汉水边。

⑪陉（xíng）：楚国地名。

【译文】

鲁僖公四年的春天，齐桓公率领诸侯国的军队攻打蔡国。蔡国溃败，他们接着又去攻打楚国。楚成王派使节到军中对齐桓公说："您住在北方，我住在南方，因此牛马发情相逐也到不了彼此的疆土。没想到您却攻进了我们的国土，这是什么缘故？"管仲回答说："从前召康公命令我们先君大公说：'对于天下各诸侯，你都有权征讨他们，从而来辅佐周王室。'召康公还给了我们先君可以征讨的范围：东到海边，西到黄河，南到穆陵，北到无棣。你们应当进贡的包茅没有交纳，周王室的祭祀供不上，没有用来渗滤酒渣的东西，我特来责问此事；周昭王南巡没有返回，我特来查问这件事。"楚国使臣回答说："贡品没有交纳，是我们国君的过错，我们怎么敢不供给呢？至于周昭王南巡没有返回，还是请您到汉水边去问一问吧。"诸侯的军队继续前进，屯兵在楚国的陉地。

【原文】

夏，楚子使屈完如^①师，师退，次于召陵。

齐侯陈诸侯之师，与屈完乘而观之。齐侯曰："岂不穀^②是为，先君之好是继。与不穀同好，如何？"对曰："君惠徼福^③于敝邑^④之社稷，辱^⑤收寡君，寡君之愿也。"齐侯曰："以此众^⑥战，谁能御之？以此攻城，何城不克？"对曰："君若以德绥^⑦诸侯，谁敢不服？君若以力，楚国方城^⑧以为城，汉水以为池，虽众，无所用之！"

屈完及诸侯盟。

【注释】

①如：去，到。

②不穀（gǔ）：古代诸侯对自己的谦称。

③徼（yāo）福：祈福，求福。徼，通"邀"，求取。

④敝邑：对自己国家的谦称。

⑤辱：谦词。犹承蒙。

⑥众：指诸侯的军队。

⑦绥（suí）：安抚。

⑧方城：山名。

【译文】

这年夏天，楚成王派遣屈完带兵到诸侯军队的驻地，诸侯军队向后撤退，驻扎在召陵。

　　齐桓公让诸侯国的军队摆开阵势，与屈完同乘一辆战车观看军容。齐桓公说："诸侯们难道是为我而来吗？他们不过是为了继承我们先君的友好关系罢了。你们也同我们建立友好关系，怎么样？"屈完回答说："您惠临敝国并为我们的国家求福，承蒙您接纳我们的国君，这正是我们国君的心愿。"齐桓公说："我率领这些诸侯军队作战，谁能够抵挡他们？我让这些军队攻打城池，什么样的城池攻不下？"屈完回答说："如果您用仁德来安抚诸侯，谁敢不顺服？如果您用武力的话，那么楚国就把方城山当作城墙，把汉水当作护城河，即使您的兵马众多，恐怕也没有用。"

　　屈完和各诸侯订立了盟约。

【原文】

　　陈辕涛涂谓郑申侯曰："师出于陈、郑之间，国必甚病①。若出于东方，观兵于东夷，循②海而归，其可也。"申侯曰："善。"涛涂以告齐侯，许之。申侯见曰："师老③矣，若出于东方而遇敌，惧不可用也。若出于陈、郑之间，共其资粮④扉屦⑤，其可也。"齐侯说，与之虎牢⑥。执⑦辕涛涂。

【注释】

①病：困乏。

②循：因循，沿着。

③老：历时长久。

④资粮：指粮食物资。

⑤扉（fèi）屦：草鞋。

⑥虎牢：古邑名，春秋时属郑国，在今河南荥阳。

⑦执：抓住，逮捕。

【译文】

陈国的辕涛涂对郑国的申侯说："军队途经陈、郑两国之间，要供给这么多军队粮草物资，两国必然困乏。如果向东走，向东夷显示兵威，顺着海边回国，这就很好了。"申侯说："好。"涛涂便把这个主意告诉了齐侯，齐侯同意了。但申侯进见齐侯时却说："军队长期在外，疲惫不堪，如果往东走而遇到敌人，恐怕无力作战了。若途经陈国和郑国之间，由两国供给军队粮食和军鞋，这就可行了。"齐侯听了十分高兴，把郑国的虎牢之地赏赐给他，同时逮捕了辕涛涂。

名师点评

齐桓公率领各诸侯联军先是攻伐蔡国，之后进攻楚国，盟军虽然深入楚国领地，但齐桓公并没有想与楚国全面开战。这次行动的本意，只是想让楚国表示屈服，因为齐国当时并无充分的实力灭楚。楚使在与诸侯之师进行外交辞对时，使用了"风马牛不相及"的比喻，说明伐楚之无理。管仲的应对则使用了铺陈的手法（后来的汉大赋常用，可达到铺张扬厉的艺术效果），以四方方位词列举边界之远，说明其权限之广。这个楚使与屈完一样，善于运用反问语气，质询效果非常明显。而陈国辕涛涂被执与郑国申侯获地的结局之异，只因在外交活动中，二人采用了不同的说辞。可见，在战争活动中，外交手段具有重要的战略意义。

晋骊姬之乱

名师导读

晋献公时，骊姬被立为夫人，但是太子申生不是骊姬的亲生儿子，骊姬便想要除掉太子申生，立自己的儿子奚齐为太子，将来好让自己的儿子继承王位。骊姬和朝中的大臣相互勾结，先以守卫边邑为名让各位王室公子离开了都城，之后又设计把申生害死，接下来还污蔑其他各王室公子参与了太子申生的阴谋，于是有了追杀王室公子的理由，这样一来太子和王室公子们就无法在都城立足了，他们不得不流亡国外，骊姬的儿子奚齐理所当然地当上了太子。骊姬的阴谋顺利实施，晋国因此陷入了内乱，这是僖公四年发生的事情。

【原文】

初，晋献公欲以骊姬①为夫人，卜之，不吉；筮之，吉。公曰："从筮。"卜人曰："筮短②龟长③，不如从长。且其繇④曰：'专之渝⑥，攘⑦公之羭⑧。一薰⑨一莸⑩，十年尚犹有臭。'必不可。"弗听，立之。生奚齐，其娣生卓子。

【注释】

①骊姬：晋献公的宠妃。

②短：指不灵验。

③长：指灵验。

④繇（zhòu）：记录占卜结果的兆辞。

⑤专之：指专宠骊姬。

⑥渝：变。

⑦攘（rǎng）：夺去。

⑧瑜（yú）：美。

⑨薰：香草。

⑩莸（yóu）：臭草。

【译文】

早年，晋献公想立骊姬为夫人，用龟甲占卜，结果不吉利；用蓍草占筮，结果吉利。献公说："按占筮的结果做吧。"卜卦人说："占筮不灵验，龟卜灵验，不如依照灵验的。况且它的兆辞说：'专宠会发生变乱，将有损您的美名。香草和臭草放在一起，过了十年还会有臭气。'一定不能按照占筮的结果去做。"献公不听，立了骊姬。骊姬生下奚齐，她的妹妹生下卓子。

【原文】

及将立奚齐，既与中大夫①成谋，姬谓大子曰："君梦齐姜②，必速祭之。"大子祭于曲沃③，归胙④于公。公田，姬置诸宫六日。公至，毒而献之。公祭之地，地坟⑤。与犬，犬毙。与小臣，小臣亦毙。姬泣曰："贼由大子。"大子奔新城⑥。公杀其傅杜原款。

或谓大子："子辞⑦，君必辩焉。"大子曰："君非姬氏，居不安，食不饱。我辞，姬必有罪。君老矣，吾又不乐。"曰："子其行乎！"大子曰："君实不察其罪，被⑧此名⑨也以出，人谁纳⑩我？"

【注释】

①中大夫：晋国官名，指里克。

②齐姜：申生之母。

③曲沃：晋国的旧都，在今山西闻喜东北，晋献公祖庙所在地。

④胙（zuò）：祭祀用的酒肉。

⑤地坟：地上突起如坟。

⑥新城：指曲沃。

⑦辞：申辩，辩解。

⑧被：蒙受，带着。

⑨此名：指杀父的罪名。

⑩纳：接纳，收容。

【译文】

等到准备立奚齐为太子时，骊姬已经和中大夫定下了计谋，骊姬对太子申生说："国君梦见了你母后齐姜，你一定要赶快去祭祀她。"太子到曲沃去祭祀，把祭祀用的酒肉带回给献公。当时献公正在外面打猎，骊姬把祭祀的酒肉放在宫里过了六天。献公回来以后，骊姬在酒肉里下毒而献了上去。献公用酒祭地，地上突起如坟；拿肉给狗吃，狗当场死掉；给侍臣吃，侍臣也死了。骊姬哭着说："阴谋是太子策划的。"太子申生逃往新城，献公杀了太子的保傅杜原款。

有人对太子说："您如果申辩，国君是一定会弄清楚真实情况的。"太子说："国君没有骊姬，就吃不好，睡不好。我如果辩解，骊姬必定有罪。国君年事已高，失去骊姬他会陷于痛苦，我也不可能高兴的。"那人说："那您逃走吧！"太子说："国君还没有明察我的罪过，带着这个名声出去，谁会接纳我呢？"

【原文】

十二月戊申，缢于新城。姬遂谮①二公子②曰："皆知之。"重耳^③奔蒲^④，夷吾^⑤奔屈^⑥。

【注释】

①譖（zèn）：中伤，诬陷。

②二公子：指重耳和夷吾。

③重耳：晋献公之子，后为晋文公。

④蒲：重耳的采邑，在今山西隰县西北。

⑤夷吾：晋献公之子，申生的异母弟，后为晋惠公。

⑥屈：夷吾的采邑，在今山西吉县。

【译文】

十二月戊申日，太子申生在新城上吊自尽。骊姬接着又诬陷重耳和夷吾两位公子说："太子的阴谋，他们也都参与了。"于是重耳逃到蒲城，夷吾逃到屈邑。

名师点评

骊姬为了帮自己的儿子争夺君位，设计陷害太子申生，太子申生为了父亲的"幸福"而不愿揭露事情真相，最终成为骊姬阴谋诡计的牺牲品。申生的悲剧让我们看到，如果在一个尔虞我诈的世界中，心思过于单纯与善良的话，往往会成为邪恶势力手下的冤魂。在这种情况下，我们应该奋起反抗。选文中骊姬陷害申生的情节已经近于虚构——置诸六日的祭品被掺了毒，"祭之地，地坟。与犬，犬毙。与小臣，小臣亦毙"，如此反常，令人惊悚。还有申生自缢、重耳奔蒲、夷吾奔屈的戏剧化结局，都富含小说性质。后世小说、影视作品极言宫廷斗争的惨烈，肇始于此。先秦作品，是后世文学创作的源泉，此是一例。

宫之奇谏假道

名师导读

　　僖公五年，晋国向虞国借道伐虢，宫之奇识破晋国计策，劝阻虞公，指出保护邻国不受侵犯的同时也是为了保护自己不受侵犯，即"辅车相依，唇亡齿寒"的道理，但是虞公不听，招致亡国之祸。晋人用兵一改传统的战争方式，擅长使诈，往往运用智谋取胜，如设离间计收买虞国国君，并制造边境事端以进攻虢国，从而一并消灭了虢、虞二国。

【原文】

　　晋侯复假道于虞以伐虢①。宫之奇谏曰："虢，虞②之表③也。虢亡，虞必从之。晋不可启④，寇不可玩⑤。一之谓甚，其可再乎？谚所谓'辅⑥车⑦相依，唇亡齿寒'者，其虞、虢之谓也。"公曰："晋，吾宗也，岂害我哉？"对曰："大伯⑧、虞仲⑨，大王之昭⑩也。大伯不从，是以不嗣。虢仲、虢叔，王季之穆⑪也，为文王卿士，勋在王室，藏于盟府⑫。将虢是灭，何爱于虞？且虞能亲于桓、庄乎？其爱之也，桓、庄之族何罪？而以为戮，不唯逼乎？亲以宠逼，犹尚害之，况以国乎？"公曰："吾享祀⑬丰⑭洁，神必据⑮我。"对曰："臣闻之，鬼神非人

扫码看视频

实亲，惟德是依。故《周书》曰：'皇天无亲^⑯，惟德是辅^⑰。'又曰：'黍稷^⑱非馨^⑲，明德惟馨。'又曰：'民不易物，惟德繄^⑳物。'如是，则非德，民不和，神不享矣。神所冯依，将在德矣。若晋取虞，而明德以荐^㉑馨香，神其吐^㉒之乎？"弗听，许晋使。宫之奇以其族行，曰："虞不腊矣，在此行也，晋不更举矣。"

【注释】

① 虢（guó）：古国名，这里指北虢，在今山西平陆。

② 虞：古国名，姬姓，在今山西平陆东北。

③ 表：外围，屏障。

④ 启：开启。这里是助长野心的意思。

⑤ 玩：忽视，轻慢。

⑥ 辅：颊骨。

⑦ 车：牙床。

⑧ 大伯：太伯，周太王长子。

⑨ 虞仲：周太王次子。

⑩ 昭：宗庙次序，始祖庙居中，子在左，称"昭"。

⑪ 穆：宗庙次序，始祖庙居中，子之子在右，称"穆"。

⑫ 盟府：古时掌管盟约的官府。

⑬ 享祀：祭祀。

⑭ 丰：丰盛。

⑮ 据：依附，这里指保佑。

⑯ 无亲：没有亲疏之分。

⑰ 辅：帮助。

⑱ 黍（shǔ）稷：泛指五谷。

⑲ 馨：芳香远播。

⑳繄：是。

㉑荐：献，供奉。

㉒吐：吐出，这里指不享用祭品。

【译文】

晋献公再次向虞国借路去攻打虢国。宫之奇劝谏说："虢国是虞国的外部屏障。假如虢国灭亡，虞国也必然跟着灭亡。不可借道给晋国而助长其野心，不可轻视入侵他国的贼寇之军。借路一次已经很过分了，怎么可以再借第二次呢？俗话所说的'面颊骨和牙床互相依存，

失去了嘴唇，牙齿就会受寒'，说的就是虞国和虢国的关系啊。"虞公说："晋国是我的同宗，难道还会害我吗？"宫之奇回答说："太伯、虞仲，是周太王的儿子。太伯不跟随在侧，因此没有嗣位。虢仲、虢叔，是王季的儿子，他们都做过文王的卿士，对王室有功绩，授勋的记录藏在盟府。如今晋国将要灭掉虢国，对虞国又怎么会爱惜呢？况且，晋献公对虞国能比桓叔、庄伯更为亲近吗？桓叔、庄伯两族有什么罪过？他们被杀戮，不就是因为他们对晋献公构成了威胁吗？亲近的宗族由于受宠而形成威胁，尚且被杀害，何况我们国家呢？"虞公说："我祭祀用的祭品丰盛洁净，神灵必定会保佑我。"宫之奇回答说："下臣听说，鬼神不亲近任何人，而只依附有德行的人。因此《周书》说：'上天对人不分亲疏，它只帮助有德行的人。'又说：'并非祭祀的谷物能芳香远播，只有光明之德才能芳香远播。'又说：'百姓不能改变祭品，只有德行能当作祭品而为神所享用。'这样说来，没有德行，百姓就不和顺，神灵也就不愿享用了。神灵所凭的，就在于德行。假如晋国攻取

了虞国，再发扬美德，以芳香的祭品去供奉神灵，神灵难道还会吐出来吗？"虞公不听宫之奇的规劝，答应了晋国使者的要求。宫之奇带领他的族人离开了虞国，说："虞国今年举行不了岁终腊祭了，晋国灭虞就在这一次行动，不用再出兵了。"

【原文】

冬十二月丙子朔①，晋灭虢，虢公丑②奔京师。师还，馆③于虞，遂袭虞，灭之，执虞公及其大夫井伯，以媵④秦穆姬⑤。而修虞祀，且归其职贡⑥于王。

故书曰："晋人执虞公。"罪虞，且言易也。

【注释】

①朔：农历每月初一。

②虢公丑：虢国国君，名丑。

③馆：驻扎。

④媵（yìng）：陪嫁的人。

⑤秦穆姬：晋献公的女儿，嫁给秦穆公为夫人，因此称为秦穆姬。

⑥职贡：贡物。

【译文】

冬季，十二月初一，晋国灭掉虢国，虢公丑急忙赶到京城。晋军回国，在虞国驻扎，乘机袭击虞国，将它灭掉，俘虏了虞公和大夫井伯，将井伯作为秦穆姬的陪嫁随从。晋国不废虞国的祭祀，并且把虞国的贡物进献给周王室。

因此《春秋》记载说："晋人执虞公。"这是归罪于虞公，并且表明晋国取虞太容易了。

名师点评

　　本篇给后世"兵不厌诈"的战略战术以很好的启发。虞国国君的贪婪愚蠢、虢国国君的好战轻敌等都在晋人的掌握之中。虞的灭亡即是三十六计中"假道伐虢"一计的案例，足以惩戒世间贪图一时利益而出卖朋友之人。《左传》中提及了许多战争谋略与计策，这些富于戏剧性的谋略具有很强的故事生发能力，在后世的历史演义小说中不断演绎，花样繁多。《三国演义》便是公认的计谋与战阵描写精彩结合的类型代表。

晋重耳出亡

重耳流亡到秦国，与秦穆公结亲，为复国大业找到了坚实的后盾。重耳由一个贪图享乐、养尊处优的贵族公子哥儿，到后来成为春秋时代显赫一时的霸主，得益于他在国外流亡十九年所遭受的磨难。当初大祸临头时的出逃，是迫不得已而为之。流亡中的屈辱、困苦的体验，使他明白了身在宫廷、耽于逸乐所不可能明白的人生真谛，在身、心两方面受到了陶冶和磨炼。选文所记之事见于僖公二十三年。

【原文】

晋公子重耳之及于难①也，晋人伐诸蒲城。蒲城人欲战，重耳不可，曰："保②君父之命而享其生禄，于是乎得人。有人而校③，罪莫大焉。吾其奔也。"遂奔狄。从者狐偃、赵衰、颠颉、魏武子、司空季子④。狄人伐廧咎如⑤，获其二女叔隗、季隗，纳诸公子。公子取季隗，生伯鯈、叔刘，以叔隗妻⑥赵衰，生盾。将适齐，谓季隗曰："待我二十五年，不来而后嫁。"对曰："我二十五年矣，又如是而嫁，则就木⑦焉。请待子。"处狄⑧十二年而行。

【注释】

①及于难：遭受灾难。

②保：依仗，依靠。

③校：抗争，抵抗。

④司空季子：晋国大夫，名胥臣。

⑤廧咎如：春秋时赤狄部落名。隗姓。

⑥妻：嫁给。

⑦就木：进棺材。

⑧处狄：居住在狄国。

【译文】

晋国的公子重耳遭受危难的时候，晋国军队到蒲城去讨伐他。蒲城人打算迎战，重耳不同意，说："我依靠君父的命令才享有养生的俸禄，得到所属百姓的拥护。有了百姓的拥护就同君父对抗，没有比这更大的罪过了。我还是逃走吧。"于是重耳逃到了狄国。同他一块儿出逃的人有狐偃、赵衰、颠颉、魏武子和司空季子。狄国人攻打一个叫廧咎如的部落，俘获了君长的两个女儿叔隗和季隗，把她们送给了公子重耳。重耳娶了季隗，生下伯儵和叔刘，他把叔隗嫁给了赵衰，生下赵盾。重耳想到齐国去，对季隗说："等我二十五年，我不回来，你再改嫁。"季隗回答说："我已经二十五岁了，再过二十五年改嫁，就该进棺材了。还是让我等您吧。"重耳在狄国住了十二年才离开。

【原文】

过卫，卫文公不礼焉。出于五鹿^①，乞食于野人^②，野人与之块。公子怒，欲鞭之。子犯曰："天赐也。"稽首，受而载之。

及齐，齐桓公妻之，有马二十乘。公子安之。从者以为不可。

将行，谋于桑下。蚕妾③在其上，以告姜氏④。姜氏杀之，而谓公子曰："子有四方之志，其闻之者，吾杀之矣。"公子曰："无之。"姜曰："行也。怀与安，实败名。"公子不可。姜与子犯谋，醉而遣⑤之。醒，以戈逐子犯。

【注释】

①五鹿：卫国地名。

②野人：乡野之人，指农夫。

③蚕妾：养蚕的女奴。

④姜氏：重耳在齐国所娶之妻。齐为姜姓，所以称为姜氏。

⑤遣：送。

【译文】

重耳路过卫国，卫文公不以礼相待。重耳从五鹿经过时，向农夫讨饭吃，农夫给他一块泥土。重耳很生气，想鞭打他。子犯说："这是上天的赐予啊。"重耳叩头道谢，恭敬地接过土块并把它放在车上带走。

重耳到达齐国，齐桓公把女儿嫁给了他，还送他八十匹马。重耳便安于齐国的生活不想再走了。但跟随的人认为这样不行。准备出发前，他们聚集在桑树下面商议。恰好有个养蚕的女奴在树上听到了，于是把这件事告诉了姜氏。姜氏怕走漏消息就杀了她，然后告诉重耳说："您有远大的志向，听到这件事的人，我已经把她杀掉了。"重耳说："没有这回事。"姜氏说："您走吧。眷恋享受，安于现状，实足以败坏功名。"公子不肯离开。姜氏同子犯商量，用酒灌醉重耳后把他送走。重耳酒醒之后，气得拿着戈追打子犯。

【原文】

及曹①，曹共公闻其骈胁②，欲观其裸。浴，薄③而观之。僖负羁④之妻曰："吾观晋公子之从者，皆足以相国。若以相，夫子必反其国。反其国，必得志于诸侯。得志于诸侯，而诛无礼，曹其首也。子盍蚤自贰⑤焉？"乃馈盘飧⑥，置⑦璧焉。公子受飧反璧。

及宋，宋襄公赠之以马二十乘。

【注释】

①曹：古国名，姬姓，在今山东西部。

②骈胁：肋骨紧密相接长在一起。

③薄：贴近。

④僖负羁：曹国大夫。

⑤贰：指向另外的君主表示效忠。

⑥飧（sūn）：晚饭。

⑦置：放置。

【译文】

到了曹国，曹共公听说晋公子重耳的肋骨相连长在一起，想看看他的裸体。重耳洗澡的时候，曹共公隔着帘子从外面偷看。曹国大夫僖负羁的妻子说："我看晋公子的随从，都可以辅佐国家。如果有他们辅佐，晋公子必定能回晋国做国君。回到了晋国，肯定能在诸侯中称雄。那时若要惩罚以前对他无礼的国家，曹国必然排在前面。您何不趁早向他表示自己的敬意呢？"于是僖负羁就给晋公子赠送了一盘晚饭，把一块玉璧藏在里面。重耳收下晚饭，退回了玉璧。

到了宋国，宋襄公送给他八十匹马。

【原文】

及郑，郑文公亦不礼焉。叔詹^①谏曰："臣闻天之所启，人弗及也。晋公子有三焉，天其或者将建诸，君其礼焉。男女同姓，其生不蕃。晋公子，姬出^②也，而至于今，一也。离^③外之患，而天不靖^④晋国，殆将启之，二也。有三士^⑤足以上人而从之，三也。晋、郑同侪^⑥，其过子弟，固将礼焉，况天之所启乎？"弗听。

【注释】

①叔詹：郑国大夫。

②姬出：姬姓女所生。重耳父母都姓姬。

③离：通"罹"，遭受。

④靖：安定。

⑤三士：指狐偃、贾佗、赵衰三人。

⑥同侪（chái）：同等。

【译文】

到了郑国，郑文公也不依礼接待重耳。大夫叔詹劝郑文公说："臣下听说上天所助之人，其他人是赶不上的。晋国公子有三件不同寻常的事非他人所能比，或许是上天要立他为国君，您还是依礼款待他吧。同姓的男女结婚，按说子孙后代不能昌盛。晋公子重耳的父母都姓姬，但他一直活到今天，这是第一件不同寻常的事。他遭受了流亡在国外的灾难，而上天又不让晋国安定下来，大概是要为他开出一条路吧，这是第二件不同寻常的事。有三位才智过人的贤士跟随他，这是第三件不同寻常的事。晋国和郑国是同等地位的国家，晋国子弟路过郑国，本来应该以礼相待，更何况晋公子是上天所助之人呢？"郑文公没有听从叔詹的劝告。

【原文】

　　及楚，楚子飨①之，曰："公子若反晋国，则何以报不穀？"对曰："子、女、玉、帛，则君有之，羽、毛、齿、革，则君地生焉。其波及晋国者，君之余也，其何以报君？"曰："虽然，何以报我？"对曰："若以君之灵，得反晋国，晋、楚治兵②，遇于中原，其辟君三舍③。若不获命，其左执鞭、弭④，右属⑤櫜⑥、鞬⑦，以与君周旋。"子玉⑧请杀之。楚子曰："晋公子广而俭，文而有礼。其从者肃而宽，忠而能力。晋侯无亲，外内恶之。吾闻姬姓，唐叔之后，其后衰⑨者也，其将由晋公子乎。天将兴之，谁能废之？违天必有大咎⑩。"乃送诸秦。

【注释】

　　①飨（xiǎng）：设酒宴款待。

　　②治兵：演练军队，这里指双方交战。

　　③舍：古时行军三十里为一舍。

　　④弭（mǐ）：弓。

　　⑤属（zhǔ）：佩，系。

　　⑥櫜（gāo）：箭袋。

　　⑦鞬（jiàn）：弓套。

　　⑧子玉：楚国令尹。

　　⑨衰：衰亡。

　　⑩咎：灾祸。

【译文】

重耳到达楚国，楚成王设酒宴款待他，说："公子若返回晋国，将拿什么来报答我呢？"公子回答说："男女奴仆、宝玉、丝帛，君王已经拥有了，鸟羽、兽毛、象牙、皮革，都是君王的土地上所产的。那些流通、输送到晋国的，都已经是君王的剩余之物了。我能用什么来报答您呢？"楚成王说："尽管如此，你究竟用什么来报答我呢？"公子回答说："若托君王的福，我能回到晋国，日后晋、楚两国交战，在中原相遇，那我将让晋军避退九十里。如果还得不到您停止进军的命令，那就左手持鞭和弓，右手挎着箭袋和弓囊，同君王较量一番。"子玉请求楚王杀掉重耳。楚成王说："晋公子志向远大而行为又有所约束，言谈举止文雅而合乎礼仪。他的随从严肃而宽厚，忠贞而有能力。现在晋惠公没有亲近的人，国内外均不得人心。我听说姬姓是唐叔的后代，是最后衰亡的，这大概要由晋公子来重振国势吧。上天想助他兴起，谁能废掉他？违反天意，必定发生大灾难。"于是楚成王就把重耳送往秦国。

【原文】

秦伯纳女五人^①，怀嬴^②与焉。奉匜^③沃盥^④，既而挥之。怒曰："秦、晋匹也，何以卑我？"公子惧，降服^⑤而囚。

他日，公享之。子犯曰："吾不如衰之文^⑥也，请使衰从。"公子赋《河水》^⑦，公赋《六月》^⑧。赵衰曰："重耳拜赐。"公子降，拜，稽首。公降一级而辞焉。衰曰："君称所以佐天子者命重耳，重耳敢不拜？"

【注释】

①纳女五人：送给重耳五个女子为姬妾。

②怀嬴（yíng）：秦穆公之女，原嫁给晋怀公圉，怀公逃归后，又嫁

给晋文公重耳，又称辰嬴。

　　③匜（yí）：古代盥洗时用来盛水的器具。

　　④盥（guàn）：盥洗，洗漱。

　　⑤降服：脱去上衣。

　　⑥文：指擅长辞令。

　　⑦《河水》：诗名。

　　⑧《六月》：指《诗·小雅·六月》。

【译文】

　　秦穆公把五个女子送给重耳做姬妾，秦穆公的女儿怀嬴也在其中。有一次，怀嬴捧着盛水的器具倒水给重耳洗手，重耳洗完便挥手把手上的水甩干。怀嬴生气地说："秦国和晋国是同等地位的国家，你为什么瞧不起我？"公子重耳害怕了，脱去衣服，把自己关起来，向怀嬴表示谢罪。

　　又有一天，秦穆公宴请重耳。子犯说："我不像赵衰那样擅长辞令，让赵衰陪你吧。"在宴会上，公子重耳吟诵了一首《河水》，秦穆公吟诵了《六月》这首诗。赵衰说："重耳快拜谢君王恩赐。"公子重耳走下台阶，跪拜，叩头。秦穆公也走下一级台阶表示辞让。赵衰说："君王提出要重耳担当辅佐周天子的使命，重耳怎么敢不拜谢？"

点师名评

　　理想与目标，是生命中的灯塔。通向理想的过程，是不断奋斗、不断进取的过程。奋斗总是有意识的、自觉的。在奋斗的过程之中经不起折磨，受不了坎坷，吃不了苦头，忍不住痛苦，耐不住寂寞，沉溺于安乐，迷恋于幻想，都不可能达到目标，不可能实现自己的理想。这段记载之所以备受关注与称赞，除了重耳这个霸主之外，还因为有一系列十分富于戏剧性的人物情节。如季隗"待二十五年后嫁"、"野人与块"、姜氏杀蚕女谋遣重耳、曹公薄观"骈胁"、"受飧反璧"、郑文公不礼、"退避三舍"、怀嬴怒卑等，充满浓厚的小说情味，一系列人物与情节传奇化、神异化，人物生动而富于个性，已经具备《史记》开创的列传体的规模与特征，增强了可读性。这也提示各位读者，往往还需要用比较的方法来阅读，因为文学创作是具有连续性与继承性的。

晋楚城濮之战

僖公二十八年，晋、楚在城濮进行了一场大战。这可以说是两国争夺霸权的一场关键战役，众多诸侯国都卷入了这场两强相争之中。这种乱哄哄你方唱罢我登场的局面里，尽管大家都在表面上推崇周天子，实际上都是拉大旗，作虎皮，打着天子的旗号，拼命扩充自己的势力，捞取好处。城濮之战最终以晋国取胜而告终，晋文公坐上了霸主的宝座。在正面描写城濮之战中，还写了芮贾不贺、伐曹卫救齐宋、晋侯梦与楚子搏、晋侯及郑伯盟、献楚俘于王、能以德攻等几件战争前后发生的事，或预示战争成败，或交代结果，或说明胜败原因。

【原文】

楚子将围宋，使子文治兵于睽①，终朝②而毕，不戮一人。子玉复治兵于芮，终日而毕，鞭七人，贯三人耳③。国老④皆贺子文，子文饮之酒。芮贾尚幼，后至，不贺。子文问之，对曰："不知所贺。子之传政于子玉，曰：'以靖国也。'靖诸内而败诸外，所获几何？子玉之败，子之举也。举以败国，将何贺焉？子玉刚而无礼，不可以治民。过三百乘，其不能以入矣。苟入而贺，何后之有⑤？"

【注释】

①暌（kuí）：楚国地名。

②终朝：指一个上午。

③贯三人耳：用箭刺穿了三个人的耳朵。

④国老：退休的老臣。

⑤何后之有："有何后"的倒装句。

【译文】

楚成王准备包围宋国，派遣子文在暌地练兵，一个上午就完成了，没有处罚一个人。子玉又在蒍地练兵，一天才完成，鞭打了七个人，用箭刺穿了三个人的耳朵。退休的老臣们都祝贺子文，子文招待他们喝酒。蒍贾年纪小，迟到了，不表示祝贺。子文问他为什么不祝贺，他回答说："不知道祝贺什么。您把政权传给子玉，说：'这是为了安定国家。'可是在国内安定了，却在国外失败了，所得到的有多少呢？子玉对外作战失败，是因为您的推举。推举而使国家失败，有什么可祝贺的呢？子玉刚愎无礼，不能让他治理百姓。如果他率领的兵车超过三百辆，恐怕就无法回来了。若能回来，到时再祝贺，有什么晚的呢？"

【原文】

冬，楚子及诸侯围宋。宋公孙固如晋告急。先轸曰："报施，救患，取威，定霸，于是乎在矣。"狐偃曰："楚始得曹，而新昏于卫，若伐曹、卫，楚必救之，则齐、宋免矣。"于是乎蒐①于被庐②，作三军，谋元帅。赵衰曰："郤縠（hú）可。臣亟③闻其言矣，说④礼、乐而敦《诗》《书》。《诗》《书》，义之府也；礼、乐，德之则也；德、义，利之本也。《夏书》曰：'赋纳⑤以言，明试以功，车服以庸⑥。'

君其试之。"乃使郤縠将中军，郤溱佐之；使狐偃将上军，让于狐毛而佐之；命赵衰为卿，让于栾枝、先轸；使栾枝将下军，先轸佐之。荀林父御戎，魏犨（chōu）为右。

【注释】

① 蒐（sōu）：检阅，阅兵。

② 被庐：晋国地名。

③ 亟（qì）：屡次。

④ 说：同"悦"，喜爱。

⑤ 赋纳：普遍采纳。赋，通"敷"，遍。

⑥ 庸：功，酬劳。

【译文】

鲁僖公二十七年冬季，楚成王和诸侯围困宋国。宋国的公孙固到晋国报告紧急情况。先轸说："报答宋公赠马之恩，解救宋国被困之患，在诸侯中树立威望，成就晋国的霸业，就在此一举了。"狐偃说："楚国刚刚得到曹国同盟，新近又与卫国缔结了婚姻，如果攻打曹、卫两国，楚国必定前去救援，那么齐国和宋国就可以免于危险了。"于是晋国在被庐检阅军队，建立了三个军，并商量元帅的人选。赵衰说："郤縠可以。我从他多次谈话中，知道他喜爱礼乐而重视《诗》《书》。《诗》《书》，是道义的府库；礼、乐，是德行的法则；道德、礼义，是利益的根本。《夏书》说：'有益的谏言要遍加采纳，考察一个人的能力要依据他的办事情况，如果成功，就用车马衣服作为酬劳。'您不妨试一下。"于是晋文公派郤縠率领中军，郤溱辅助他；派狐偃率领上军，狐偃让给了狐毛而自己辅助他；命赵衰为卿，赵衰让给了栾枝、先轸；命栾枝率领下军，先轸辅助他。荀林父驾驭战车，魏犨为车右。

【原文】

晋侯始入而教其民，二年，欲用之。子犯曰："民未知义，未安其居。"于是乎出定襄王，入务利民，民怀生①矣。将用之。子犯曰："民未知信，未宣其用。"于是乎伐原以示之信。民易资②者，不求丰③焉，明征其辞④。公曰："可矣乎？"子犯曰："民未知礼，未生其共。"于是乎大蒐以示之礼，作执秩⑤以正其官。民听不惑，而后用之。出谷戍，释宋围，一战而霸，文之教也。

【注释】

扫码看视频

①怀生：安于生存，各安天命。

②易资：交换货物，指做买卖。

③丰：多，满，指暴利。

④明征其辞：指明码实价。

⑤执秩：掌管爵秩的官。

【译文】

晋文公一回国就训练百姓，过了两年，就想用他们。子犯说："百姓还不知道道义，还没能各安其位。"晋文公就离开晋国去帮助周襄王安定君位，回国后又致力于为百姓谋利，百姓就逐渐安于生计了。晋文公又打算用他们。子犯说："百姓还不知道信用，还不是很明白信用的作用。"于是晋文公攻打原国来向百姓表示什么是信用。从此，百姓做买卖不求暴利，讲究明码实价，各无贪鄙。晋文公说："可以用他们了吗？"子犯说："百姓还不知道礼仪，还没产生恭敬之心。"于是晋文公举行盛大的阅兵来让百姓知道何为礼仪，设立执秩之官来规定官员的职责。等到百姓听从指挥，明辨不疑，然后才使用他们作战。结果赶走了谷地的驻军，解除了宋国的包围，一次战争就称霸于诸侯，这都是因为晋文公的教化。

【原文】

夏四月戊辰，晋侯①、宋公②、齐国归父、崔夭③、秦小子慭④次于城濮⑤。楚师背⑥酅⑦而舍，晋侯患之，听舆人之诵⑧，曰："原田⑨每每⑩，舍其旧⑪而新是谋⑫。"公疑焉。子犯曰："战也。战而捷，必得诸侯。若其不捷，表里山河⑬，必无害也。"公曰："若楚惠何？"栾贞子曰："汉阳⑭诸姬，楚实尽之，思小惠而忘大耻，不如战也。"晋侯梦与楚子搏⑮，楚子伏己而盬⑯其脑，是以惧。子犯曰："吉。我得天⑰，楚伏其罪⑱，吾且柔之⑲矣。"

【注释】

①晋侯：指晋文公重耳。

②宋公：宋成公，襄公之子。

③崔夭：齐国大夫。

④小子慭（yìn）：秦穆公之子。

⑤城濮（pú）：卫国地名。一说在今山东鄄城西南，一说在今河南陈留。

⑥背：背靠着。

⑦酅（xī）：险要的丘陵地带。

⑧诵：宜于诵读的韵文。

⑨原田：原野上的田地。

⑩每每：青草茂盛的样子。

⑪舍其旧：除掉旧草的根。

⑫新是谋：谋新，指开辟新田耕种。

⑬表里山河：指晋国外有黄河，内有太行之险。表指外，里指内。

⑭汉阳：汉水北面。

⑮搏：搏斗。

⑯鹽（gǔ）：吮吸。

⑰得天：晋文公被压在下面，面朝天，所以说得天助。

⑱伏其罪：楚王伏在晋文公身上，面朝地，所以说是认罪。

⑲柔之：软化他，意思是使他驯服。

【译文】

鲁僖公二十八年夏季，四月初一，晋文公、宋成公、齐国大夫国归父、崔夭、秦国公子小子慭带领军队进驻城濮。楚军背靠着险要的丘陵扎营，晋文公对此很忧虑，他听到士兵们唱的歌词说："原野上青草多茂盛，除掉那旧根播新种。"晋文公心中疑虑。子犯说："打吧。打了胜仗，一定会得到诸侯拥戴。如果不胜，晋国外有黄河，内有太行山，也必定不会受什么损害。"晋文公说："楚国从前对我们的恩惠怎么办呢？"栾贞子（栾枝）说："汉水北面那些姬姓诸侯国，全被楚国吞并了。何必想着过去的小恩小惠而忘记这个奇耻大辱，不如同楚国打一仗。"晋文公夜里梦见同楚成王搏斗，楚成王把他打倒，趴在他身上吸他的脑汁，因此有些害怕。子犯说："这是吉兆。我们面朝天，是得天助，楚王面朝地，是认罪，我们会使他驯服的。"

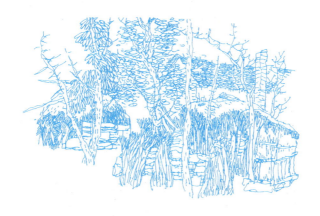

【原文】

子玉使斗勃①请战，曰："请与君之士戏②，君冯轼而观之，得臣③与寓目④焉。"晋侯使栾枝对曰："寡君闻命矣。楚君之惠，未之敢忘，是以在此。为大夫退，其敢当君乎？既不获命矣，敢烦大夫，谓二三子⑤：'戒⑥尔车乘，敬尔君事，诘朝⑦将见。'"

晋车七百乘，韅、靷、鞅、靽⑧。晋侯登有莘⑨之虚⑩以观师，曰："少长有礼，其可用也。"遂伐其木，以益其兵。

【注释】

①斗勃：楚国大夫。

②戏：角力较量。

③得臣：子玉名。

④寓目：观看。

⑤二三子：指楚军将领子玉、子西等人。

⑥戒：准备好。

⑦诘朝：次日早晨。

⑧韅（xiǎn）、靷（yǐn）、鞅（yāng）、靽（bàn）：指马身上的缰绳络头之类，形容车马装备齐全。韅，系在马背部分的皮带，一说指马腹带。靷，引车前行的皮带。鞅，套在牛马颈上的皮带，一说在马腹。靽，套在马后的皮带。

⑨有莘（shēn）：古国名。

⑩虚：同"墟"，旧城废址。

【译文】

子玉派斗勃来请战，对晋文公说："我军请求同您的士兵们较量一番，您可以靠着车前的横木观看，得臣也将陪同观看。"晋文公让栾枝回答说："我们的国君听到贵国的命令了。楚王的恩惠，我们是不敢忘记的，所以才退到这里，我们以为贵国大夫也已退兵，怎么敢抵挡国君呢？既然得不到贵国退兵的命令，那就劳您费心转告贵国将领："准备好你们的战车，认真对待贵君交付的任务，咱们明天早上战场上见吧。'"

晋军有七百辆战车，车马装备齐全。晋文公登上古莘旧城的遗址检阅军容，说："军士幼者在前，长者在后，合于礼，我们可以作战了。"于是晋军砍伐当地树木，用来补充作战的器械。

【原文】

己巳，晋师陈于莘北，胥臣以下军之佐当陈、蔡①。子玉以若敖之六卒将中军，曰："今日必无晋矣。"子西②将左，子上③将右。胥臣蒙马以虎皮，先犯陈、蔡。陈、蔡奔，楚右师溃。狐毛设二旆④而退之。栾枝使舆曳柴⑤而伪遁，楚师驰之。原轸、郤溱以中军公族⑥横⑦击之。狐毛、狐偃以上军夹攻子西，楚左师溃。楚师败绩。子玉收其卒而止，故不败。

【注释】

①陈、蔡：陈、蔡两国的军队属于楚军右师。

②子西：楚国左军统帅斗宜申的字。

③子上：楚国右军统帅斗勃的字。

④旆（pèi）：大旗。

⑤曳柴：拖着树枝。

⑥中军公族：晋文公统率的亲兵。

⑦横：拦腰。

【译文】

四月初二，晋军在莘北摆好阵势，下军副将胥臣领兵抵挡陈、蔡两国的军队。楚国主将子玉以若敖氏的宗族亲兵控制中军，说："今天必定将晋国消灭。"子西统率楚国左军，子上统率楚国右军。晋将胥臣用虎皮把战马蒙上，首先攻击陈、蔡联军。陈、蔡联军奔逃，楚国的右军溃败。晋国上军主将狐毛竖起两面大旗假装撤退，晋国下军主将栾枝让战车拖着树枝假装逃跑，楚军受骗追击，原轸和郤溱率领晋军中军的精锐兵力向楚军拦腰截杀。狐毛和狐偃指挥上军从两边夹击子西，楚国的左军也溃败了。结果楚军大败。子玉及早收兵不动，所以他的中军没有溃败。

【原文】

晋师三日馆、谷①，及癸酉而还。甲午，至于衡雍，作王宫于践土。

乡②役之三月，郑伯如楚致其师。为楚师既败而惧，使子人九③行成④于晋。晋栾枝入盟郑伯。五月丙午，晋侯及郑伯盟于衡雍。

丁未，献楚俘于王⑤，驷介⑥百乘，徒兵千。郑伯傅⑦王，用平礼也。己酉，王享醴，命晋侯宥⑧。王命尹氏及王子虎、内史叔兴父策命晋侯为侯伯，赐之大辂之服，戎辂之服，彤弓一，彤矢百，玈⑨弓矢千，秬鬯⑩一卣⑪，虎贲三百人，曰："王谓叔父⑫：'敬服王命，以绥四国，纠逖⑬王慝⑭。'"晋侯三辞，从命。曰："重耳敢再拜稽首，奉扬天子之丕显休命⑮。"受策以出。出入三觐。

【注释】

① 谷：吃粮食，指吃缴获的楚军军粮。

②乡（xiàng）：通"向"，之前，从前。

③子人九：郑国大夫。

④行成：休战讲和。

⑤王：指周襄王。

⑥驷介：四马披甲的战车。

⑦傅：辅佐。

⑧宥：通"侑"，陪侍宴饮。

⑨旅（lú）：黑色。

⑩秬（jù）鬯（chàng）：用黑黍和香草酿成的香酒。

⑪卣（yǒu）：盛酒的器具。

⑫叔父：指晋文公重耳。

⑬纠逖（tì）：督察惩治。

⑭慝（tè）：邪恶。

⑮丕显休命：形容天子的命令伟大、光明、美好。丕，大。显，明。休，美。

【译文】

晋军在楚军营地住了三天，吃缴获的楚军军粮，到四月初六才班师回国。四月二十七日，晋军到达衡雍，在践土为周襄王造了一座行宫。

在城濮之战前三个月，郑文公曾到楚国去把郑国军队交给楚国指挥，现在郑文公因为楚军打了败仗而感到害怕，便派子人九去向晋国求和。晋国的栾枝去郑国与郑文公议盟。五月初九，晋文公和郑文公在衡雍订立盟约。

五月初十，晋文公把楚国的俘虏献给周襄王，有四马披甲的兵车一百辆，步兵一千人。郑文公辅佐周襄王主持典礼仪式，沿用从前周平王接待晋文侯的礼节来接待晋文公。五月十二日，周襄王设宴，用甜酒款待晋文公，并劝晋文公进酒。周襄王还命令尹氏、王子虎和内史叔兴父用策书任命晋文公为诸侯首领，赏赐给他一辆大辂车和一辆大戎车，以及相应的整套服饰仪仗，红色的弓一张，红色的箭一百支，黑色的弓十张，黑色的箭一千支，黑黍加香草酿造的酒一卣，勇士三百人，并说："周王对叔父说：'请恭敬地服从周王的命令，安抚四方诸侯，督察并惩治王朝的坏人。'"晋文公辞让了几次，才接受了王命，说："重耳谨再拜叩首，接受并发扬周天子的重大赏赐和策命。"于是接受策书离开了王宫。晋文公前后一共觐见周襄王三次。

【原文】

卫侯闻楚师败，惧，出奔楚，遂适陈，使元咺①奉叔武以受盟。癸亥，王子虎盟诸侯于王庭②，要言③曰："皆奖④王室，无相害也。有渝⑤此盟，明神殛⑥之，俾⑦队⑧其师，无克⑨祚国，及而玄孙，无有老幼。"君子谓是盟也信，谓晋于是役也，能以德攻。

【注释】

①元咺（xuǎn）：卫国大夫。

②王庭：周王的殿堂。

③要（yāo）言：约言，立下誓言。

④奖：扶助。

⑤渝：违背。

⑥殛（jí）：惩罚。

⑦俾（bǐ）：使。

⑧队："坠"的古字。灭亡。

⑨克：能。

【译文】

　　卫成公听到楚军被晋军打败了，很害怕，出逃到楚国，后又逃到陈国，派元咺侍奉叔武去接受晋国与诸侯的盟约。五月二十六日，王子虎和诸侯在周王的殿堂订立了盟约，并立下誓言说："各位诸侯都要扶助王室，不能互相残害。如果有人违背盟誓，圣明的神灵会惩罚他，使他的军队覆灭，不能再享有国家，而且一直殃及他的子孙后代，不论年长年幼，都逃不脱惩罚。"君子认为这个盟约是诚信的，说晋国在这次战役中是依凭德义进行的征讨。

名师点评

　　战争到了春秋时代已经变成了一门复杂的艺术，想要取得胜利，君主必须是个出色的政治家，同时也要是优秀的外交家、军事家、谋略家，要懂得天文地理，也要懂得为人处世、礼仪制度，还要有充沛的体力和精力来应付各种繁杂的情况。这一切晋文公都做到了，因此取得了这场大胜。《左传》里的君主、外交家、谋略家、军事家在辞令对答中，喜欢引《诗》诵《诗》，如"管仲陈霸王之器""晋重耳出亡""卫懿公好鹤""秦穆公以良人殉"等，均引《诗》以达意，这是先秦外事活动的重要学问，所以才有"不学诗无以言"的说法。

烛之武退秦师

名师导读

秦国自从送公子重耳回国即位做了晋文公后，两国从此就结成了军事同盟，经常一起对外攻打其他国家。一方面，秦国借与晋国合作的机会壮大了自己，另一方面，晋国也借秦国的力量打击了自己的敌人，可以说是互利共赢。僖公三十年，晋、秦联合围攻郑国，郑国危在旦夕。郑国大夫烛之武通过深入分析，指出如果郑国灭亡，对晋国有利而对秦国有害，并私下里与秦伯达成协议，使秦国退兵。秦军一退兵，晋国孤掌难鸣，只好也退军回国。自此，郑国之围解除。

【原文】

九月甲午，晋侯、秦伯围郑，以①其②无礼于晋③，且贰于楚也。晋军④函陵⑤，秦军氾南⑥。

【注释】

①以：因为。

②其：指郑国。

③无礼于晋：指晋文公重耳流亡经过郑国时，郑文公未以礼相待。

④军：驻扎。

⑤函陵：郑国地名，在今河南新郑北。

⑥氾（fàn）南：郑国的氾水南面，在今河南中牟南。

【译文】

　　九月初十，晋文公、秦穆公率军包围郑国，因为郑国曾对晋国无礼，而且心向着楚国。晋军驻扎在函陵，秦军驻扎在氾南。

【原文】

　　佚之狐言于郑伯曰："国危矣！若使烛之武见秦君，师必退。"公从之。辞曰："臣之壮也，犹不如人，今老矣，无能为也已。"公曰："吾不能早用子，今急而求子，是寡人之过也。然郑亡，子亦有不利焉。"许之。夜，缒①而出②，见秦伯，曰："秦、晋围郑，郑既知亡矣。若亡郑而有益于君，敢以烦执事。越国以鄙③远，君知其难也，焉用亡郑以陪④邻？邻之厚，君之薄也。若舍郑以为东道主⑤，行李⑥之往来，共⑦其乏困，君亦无所害。且君尝⑧为晋君⑨赐⑩矣，许君焦⑪、瑕⑫，朝济而夕设版⑬焉，君之所知也。夫晋，何厌之有？既东封郑⑭，又欲肆⑮其西封，若不阙⑯秦，将焉取之？阙秦以利晋，唯君图之。"秦伯说，与郑人盟，使杞子、逢孙、扬孙⑰戍之，乃还。

【注释】

　　①缒（zhuì）：用绳子吊着重物上下。这里指把烛之武从城墙上吊下去。

　　②出：指出郑国都城。

　　③鄙：边邑。这里指把远地作为边邑。

　　④陪：增加，增益。

扫码看视频

⑤东道主：东方路上的主人，因郑国在秦国的东边。后世用这个词做"主人"的代称。

⑥行李：使者，外交官员。

⑦共：同"供"，供给。

⑧尝：曾经。

⑨晋君：指晋惠公。

⑩赐：恩惠。

⑪焦：本为封国，复为晋邑，在今河南三门峡附近。

⑫瑕：晋国邑名。

⑬设版：指建筑防御工事。版，筑土墙用的夹板。

⑭东封郑：以郑国作为东部的疆界。封，疆界。

⑮肆：极。这里的意思是极力扩张。

⑯阙：指损害。

⑰杞子、逢孙、扬孙：三人都是秦国大夫。

【译文】

佚之狐对郑文公说："国家危险了！如果派遣烛之武去会见秦君，军队一定会撤走。"郑文公采纳了这个建议。但烛之武推辞说："下臣壮年的时候，尚且不如别人，现在老了，更无能为力了。"郑文公说："我没有能及早任用您，现在形势危急而来求您，这是我的过错。然而郑国灭亡了，对您也不好啊。"于是烛之武答应了。夜里，郑国人用绳子把烛之武从城上吊到城外，烛之武见到秦穆公，说："秦、晋两国包围郑国，郑国已经知道自己要灭亡了。如果灭掉郑国而对君主有好处，我怎么敢来麻烦您呢。越过邻国而以远方的土地作为边邑，君王知道这是不容易的，哪里用得着灭掉郑国来为邻国增加土地呢？邻国实力增强了，您的实力就减弱了。如果留下郑国，让他做东路上的主人，使者往来时可以供应他们所缺少的一切，对君王也没有害处。

而且君王曾经给过晋惠公恩惠，他答应给君王焦、瑕两地，而他早晨渡过河回国，晚上就建筑防御工事，这是您知道的。晋国哪能满足？它已经东进向郑国扩大土地，又要肆意扩大它西边的土地。如果不损害秦国，还能到哪里去取得土地呢？损害秦国而有利于晋国的事，请君王考虑。"秦穆公听了很高兴，便和郑国人结盟，派遣杞子、逢孙、扬孙在郑国戍守，自己撤兵回去了。

【原文】

子犯请击之，公曰："不可。微①夫人②之力不及此。因人③之力而敝④之，不仁；失其所与⑤，不知⑥；以乱⑦易⑧整⑨，不武。吾其还也。"亦去之。

初，郑公子兰出奔晋，从于晋侯伐郑，请无与围郑。许之，使待命于东⑩。郑石甲父、侯宣多逆以为大子，以求成于晋，晋人许之。

【注释】

① 微：没有。

② 夫人：那个人。指秦穆公。

③ 因人：依靠他人。

④ 敝：伤害。

⑤ 所与：指同盟国。

⑥ 知："智"的古字。

⑦ 乱：动乱。

⑧ 易：代替。

⑨ 整：团结一致。

⑩ 东：指东部边境。

【译文】

　　子犯请求袭击秦军。晋文公说："不行。如果没有那人的力量，我们不会有今天这个地位。依靠了别人的力量，反而去损害他，这是不仁；失掉同盟国家，这是不智；用动乱代替团结，这是不武。我们还是回去吧。"晋文公于是也撤军回国。

　　当初，郑国的公子兰逃亡到晋国，跟随晋文公攻打郑国，请求不要参加对郑国的包围。晋文公答应了，让他在东部边境等候命令。郑国的石甲父、侯宣多把公子兰接回来做太子，向晋国讲和，晋国答应了。

名师点评

　　古往今来的说客或外交家，除了有高超的雄辩之才，善于动之以情、晓之以理之外，还善于抓住利害关系这个关键，在利害关系上寻找突破口或者弱点，从而获得成功。烛之武凭三寸不烂之舌说退秦军，不费一兵一卒为郑国解了围，真可谓是"不战而屈人之兵"。"烛之武退秦师"这一段历史，除了正面塑造了烛之武这个志士、勇士、辩士形象之外，还塑造了佚之狐这个伯乐形象。佚之狐不嫉妒贤能，善于发现人才、举荐人才，正因为有先见之明，才使郑伯意识到退秦晋之兵的计谋所在。郑伯知错能改，关键时刻能果断决策，明君形象跃然纸上。《左传》在记事时往往以大篇幅的笔墨，重点刻画一个主要的传奇人物的主要个性，但是也会用精简的笔墨提及次要人物，也往往鲜明生动，具有"唯一性"，以见其在事件中的价值与地位。

秦晋殽之战

名师导读

秦穆公本来打算趁着晋文公刚去世之机，把两年前留下来帮助守卫郑国的那些人马收回，改编到自己的队伍中来，以到时配合偷袭灭郑的远征军，从千里之外跃进中原，争夺霸主地位。在当时各种因素的制约下，这分明是个"不可能完成的任务"。最后的结果是秦军大败，千里而来的远征军做了秦穆公万丈雄心的陪葬，其东进中原的争霸计划受阻。僖公三十二年、三十三年，还写了其他几件相关的大事：晋楚始通、卫人及狄盟、晋文公卒、蹇叔哭师、王孙满言败、弦高犒师、厉兵秣马、灭滑而还、庄子来聘、文嬴请三帅、秦伯素服哭师，等等。

【原文】

三十二年春，楚斗章请平于晋，晋阳处父报①之，晋、楚始通②。

夏，狄有乱。卫人侵狄，狄请平焉。秋，卫人及狄盟。

冬，晋文公卒。庚辰，将殡③于曲沃。出绛④，柩⑤有声如牛。卜偃使大夫拜，曰："君命大事⑥，将有西师⑦过轶⑧我，击之，必大捷焉。"

【注释】

①报：回聘。

②通：往来，交往。

③殡：停丧。

④绛：晋国国都，在今山西翼城东南。

⑤柩：灵柩，装尸体的棺材。

⑥大事：指军事。

⑦西师：西边的军队，指秦军。

⑧过轶：越境而过。

【译文】

鲁僖公三十二年春季，楚国的斗章来到晋国求和，晋国的阳处父到楚国回聘，晋国和楚国从此开始正式交往。

夏季，狄人发生动乱。卫军侵袭狄人，狄人请求讲和。同年秋季，卫国和狄人结盟。

冬季，晋文公去世。十二月初十，晋文公的灵柩要送往曲沃停放待葬。刚走出国都绛城，棺材里发出牛叫一般的声音。卜官郭偃让大夫们向棺材下拜，并说："国君要发布军事命令，将有西方的军队越过我们的国境，我们袭击它，必定大胜。"

【原文】

杞子自郑使告于秦曰："郑人使我掌其北门之管①，若潜师②以来，国③可得也。"穆公访诸蹇叔④，蹇叔曰："劳师以袭远，非所闻也。师劳力竭，远主⑤备之，无乃不可乎！师之所为，郑必知之。勤而无所⑥，必有悖心⑦。且行千里，其谁不知？"公辞焉。召孟明、西乞、白乙，使出师于东门之外。蹇叔哭之，曰："孟子，吾见师之出而不见其入也。"公使谓之曰："尔何知？中寿⑧，尔墓之木拱⑨矣。"蹇叔之子与师，哭而送之，曰："晋人御师必于殽⑩。殽有二陵焉。其南陵，夏后皋⑪之墓也；其北陵，文王之所辟风雨也。必死是间，余收尔骨焉。"秦师遂东。

【注释】

①管：钥匙。

②潜师：秘密出兵。

③国：国都。

④蹇（jiǎn）叔：秦国老臣。

⑤远主：远方的主人，指郑国国君。

⑥无所：无所得。

⑦悖心：违逆之心，反感。

⑧中寿：中等寿命，约六七十岁。

⑨拱：两手合抱。

⑩殽（xiáo）：山名，指崤山，在今河南省西部。

⑪夏后皋：夏代君主，名皋，夏桀的祖父。后，国君。

【译文】

杞子从郑国派人告诉秦国："郑国人让我掌管他们都城北门的钥匙，若偷偷发兵前来，就可以占领他们的国都。"秦穆公去问蹇叔。蹇叔说："使军队疲劳而去侵袭相距遥远的地方，我没有听说过这种事情。军队疲劳，力量衰竭，远地的国家又已有防备，这样恐怕不行吧！我们军队的行动，郑国一定会知道。辛苦一趟却无所得，士兵一定会有抵触情绪。况且行军一千里，有谁会不知道？"秦穆公不接受他的意见。召见孟明、西乞、白乙，让他们在东门外出兵。蹇叔哭着送他们，说："孟明，我能看到军队出去，但看不到他们回来了。"秦穆公派人对蹇叔说："你知道什么？如果你活到中寿就死了，现在你坟上种的树该长到两手合抱那样粗了。"蹇叔的儿子也参加了出征的队伍，他哭着送儿子，说："晋国人必定在崤山抗击我军。崤山有两座山头。南面的山头是夏王皋的坟墓，北面的山头是周文王避过风雨的地方。你一定会战死在这两座山之间，我到那里给你收尸骨吧。"秦国军队就接着向东进发了。

【原文】

三十三年春，秦师过周北门，左右免胄①而下，超乘②者三百乘。王孙满尚幼，观之，言于王曰："秦师轻而无礼，必败。轻则寡谋，无礼则脱③。入险而脱，又不能谋，能无败乎？"

及滑，郑商人弦高将市于周，遇之。以乘韦④先，牛十二犒师，曰："寡君闻吾子将步师⑤出于敝邑，敢犒从者。不腆⑥敝邑，为从者之淹⑦，居则具一日之积，行则备一夕之卫。"且使遽⑧告于郑。

郑穆公使视客馆，则束载、厉兵、秣马矣。使皇武子辞焉，曰："吾子淹久于敝邑，唯是脯资饩牵⑨竭矣。为吾子之将行也，郑之有原圃，犹秦之有具囿也，吾子取其麋鹿，以闲敝邑，若何？"杞子奔齐，逢孙、扬孙奔宋。

孟明曰："郑有备矣，不可冀也。攻之不克，围之不继，吾其还也。"灭滑而还。

【注释】

①免胄（zhòu）：取下头盔。古时军队经过天子都门，应卸甲束兵，下车步行，以示恭敬。仅脱下头盔是不合礼的行为。

②超乘：跳上兵车。指刚一下车又跳上车，是无礼的行为。

③脱：轻脱，疏略。

④乘韦：四张熟牛皮。

⑤步师：行军。

⑥不腆：谦词。不丰厚，贫乏。腆，厚。

⑦淹：停留。

⑧遽（jù）：驿车，驿马。

⑨饩（xì）牵：猪、牛、羊等活牲畜。

【译文】

鲁僖公三十三年春季，秦国军队经过成周王城的北门，战车上除御者以外，车左、车右都取下头盔，下车步行，有三百辆兵车的将士刚一下车就又跳上车。王孙满年纪还小，看到这种情况，对周天子说："秦国军队轻佻而无礼，一定会失败。行事轻佻就会谋虑不周，态度无礼就会有所疏略。进入险地而有所粗疏，又没有谋略，能不打败仗吗？"

秦军抵达滑国，郑国的商人弦高准备到成周去做买卖，碰到了秦军。他先送秦军四张熟牛皮做引礼，再送十二头牛犒劳军队，说："敝国君主听说您准备行军经过敝邑，特派我来犒赏您的随从。敝邑虽贫乏，但愿为您的随从在此停留效劳，住下一天就预备一天的供应，若要离开就准备一夜的保卫。"弦高同时又派驿车紧急前往郑国报告秦军入侵的消息。

郑穆公派人去探查杞子等人的馆舍，发现他们已经装束完毕，并且磨利了武器，喂饱了马匹。郑穆公派皇武子辞谢他们，说："你们久住在这里，敝邑的肉干、粮食、牲口都竭尽了。因为大夫们即将要离开了，郑国有猎场原圃，就如同秦国有猎场具圃一样，大夫们自己回去猎取麋鹿，以使敝邑得以闲空，如何？"于是杞子逃到齐国，逢孙、扬孙逃到宋国。

孟明说："郑国有准备了，我们想要灭掉它是没希望了。攻打郑国不能取胜，包围它又没有后援，我们还是回去吧。"于是灭掉滑国就回去了。

【原文】

齐国庄子来聘，自郊劳①至于赠贿②，礼成而加之以敏。臧文仲言于公曰："国子为政，齐犹有礼，君其朝焉。臣闻之，服于有礼，社稷之卫也。"

晋原轸曰："秦违蹇叔，而以贪勤③民，天奉④我也。奉不可失，敌不可纵。纵敌，患生，违天，不祥。必伐秦师。"栾枝曰："未报秦施而伐其师，其为死君乎？"先轸曰："秦不哀吾丧而伐吾同姓，秦则无礼，何施之为？吾闻之，一日纵敌，数世之患也。谋及子孙，可谓死君乎。"遂发命，遽兴姜戎。子墨衰绖⑤，梁弘御戎，莱驹为右。

夏四月辛巳，败秦师于殽，获百里孟明视、西乞术、白乙丙以归，遂墨⑥以葬文公。晋于是始墨。

【注释】

①郊劳：使者至受聘者之近郊，受聘国国君派卿朝服迎接，以束锦为礼犒劳使者。为聘礼之始。

②赠贿：聘事结束，宾行，舍于郊，国君派卿赠送礼物。为聘礼之终。

③勤：形容词使动用法，使……劳苦。

④奉：帮助。

⑤衰（cuī）绖（dié）：丧服。

⑥墨：这里用作动词，指穿着黑色丧服。

【译文】

齐国的国庄子（国归父）来聘问，从郊外迎接一直到赠礼送行，礼节周到而处事又审慎恰当。臧文仲对鲁僖公说："国子执政，齐国还是有礼的，君王去见见他吧。下臣听说，对有礼之邦顺服，这是国家安定的保障。"

晋国的原轸（先轸）说："秦君违背蹇叔的话，因贪婪而使百姓劳苦，这是上天助我。这天赐的好机会不能丢失，敌人不能放走。放走敌人，就会产生祸患，违背天意，就会不吉利。一定要进攻秦国军队。"栾枝说："没有报答秦国的恩惠就去进攻他的军队，心目中还有死去的国君吗？"先轸说："我们有丧事，秦国不悲伤，反而攻打我们的同姓国家滑国，他们都这般无礼，我们还讲什么恩惠？我听说，一天放走了敌人，就会导致几代人的祸患。为子孙后代打算，这才是不忘先君的遗命。"于是就发布起兵的命令，立即动员姜戎的军队。晋襄公把丧服染成黑色，梁弘驾驭战车，莱驹为车右。

这一年夏季四月十三，晋军在崤山打败秦国军队，并且俘虏了百里孟明视、西乞术、白乙丙。于是晋襄公就穿着黑色的丧服来给晋文公送葬。晋国从此采用黑色丧服。

【原文】

文嬴①请三帅，曰："彼实构②吾二君，寡君若得而食之，不厌③，君何辱讨焉！使归就戮于秦，以逞寡君之志，若何？"公许之。先轸朝④，问秦囚。公曰："夫人请之，吾舍之矣。"先轸怒曰："武夫力而拘诸原⑤，妇人暂而免诸国。堕⑥军实而长⑦寇仇，亡无日矣！"不顾而唾。公使阳处父追之，及诸河，则在舟中矣。释左骖，以公命赠孟明。孟明稽首曰："君之惠，不以累臣衅鼓⑧，使归就戮于秦，寡君之以为戮，死且不朽。若从君惠而免之，三年将拜君赐。"

【注释】

①文嬴：秦穆公之女，晋文公的夫人。秦为嬴姓，因此称文嬴。

②构：挑拨离间。

③不厌：不满足。

④朝：朝见。

⑤原：指战场。

⑥堕（huī）：通"隳"，毁坏。

⑦长：助长。

⑧衅鼓：杀人而将其血涂于战鼓之上，即祭鼓。

【译文】

文嬴请求把秦国的三位将帅释放回国，说："他们挑拨我们秦、晋两国国君的关系，秦穆公如果抓到他们，就算是吃了他们的肉也不能满足，何必劳君王去惩罚呢！让他们回到秦国受诛杀，以满足秦穆公的心愿，怎么样？"晋襄公答应了。先轸朝见晋襄公，问起秦国的囚犯。晋襄公说："夫人请求释放他们，我就放他们走了。"先轸生气地说：

"勇士费了大力气在战场上逮住他们，女人说几句谎话就在国都把他们放了。毁伤战果而助长敌人的志气，晋国快要灭亡了！"先轸不顾晋襄公在面前就在地上吐了唾沫。晋襄公派阳处父去追赶放走的三个人，追到黄河边上，他们已经上船了。阳处父解下车左边的骖马，以晋襄公的名义赠给孟明。孟明叩头说："蒙君王的恩惠，不用我们这些被囚之臣来祭鼓，而让我们回到秦国去受诛戮，如果我们秦君杀了我们，死也是不朽的。如果我们秦君依从君王的恩惠而赦免我们，三年以后我们再来拜谢君王恩赐。"

【原文】

秦伯素服①郊次，乡②师而哭，曰："孤违蹇叔，以辱二三子，孤之罪也。"不替③孟明，曰："孤之过也，大夫何罪？且吾不以一眚④掩大德。"

【注释】

①素服：居丧或遭凶事时所穿的白色冠服。

②乡：对着，朝着。

③替：废，撤换。

④眚（shěng）：过失。

【译文】

秦穆公身着素服在郊外等候孟明他们，对被释放回来的将士号哭，说："我没有听蹇叔的话，使你们几位受到侮辱，这是我的罪过。"秦穆公没有撤换孟明，他说："这是我的过错，你们三位又有什么罪呢？况且我也不会因一次过错而掩盖你们的大功劳啊。"

点师名评

　　秦穆公善于审时度势，对外与比邻的晋国基本以和为主，多次表现出大国气度，如两次输送粮食给受灾的晋国，在国内不拘一格选用人才，勇于承担责任，用人不疑。殽之战中他不听老臣蹇叔的谏言，未防备晋国而贸然出兵郑国，导致秦军惨败，但是他并未归咎于出征的将士，而是主动承担了战败之责，在军前做了悔过的誓词《秦誓》，并一直信任和重用败军之将百里孟明等人。秦穆公的这一系列举措为秦国的发展奠定了良好的基础，秦始皇统一六国的基业可以说肇端于此。

延伸/阅读

秦穆公

　　春秋时期政治家，秦国第九位国君，在位三十九年（前659—前621），"春秋五霸"之一，秦德公少子。

　　公元前659年，秦穆公正式继位，奋发图强，励精图治。他任用百里奚、蹇叔为谋臣，击败晋国，俘获晋惠公，灭梁、芮、滑等国。后又帮助晋怀公、晋文公回国即位，实现秦晋之好。他派兵攻打中原，经历了殽之战和彭衙之战的惨败。发现东进之路行不通，于是向西发展，任用由余为谋士，逐渐灭掉西方戎人国家，受到周天子赏赐金鼓之后继续攻打蜀国和关西（函谷关以西）的国家，开辟国土千里，被周襄王任命为"西方诸侯之伯"，称霸西戎，为日后秦统一中国奠定了基石，对秦国的发展和古代西部的民族融合都做出了一定的贡献。秦穆公三十九年（前621年），秦穆公去世，安葬于雍城（今陕西凤翔西南），谥号为穆。

学海/拾贝

☆ 君若以德绥诸侯，谁敢不服？

☆ 因人之力而敝之，不仁；失其所与，不知；以乱易整，不武。

秦穆公以良人殉

　　秦穆公之所以能够称霸西戎，主要得益于他的一批贤臣良将。有了他们的辅佐，秦国得以强大起来。然而秦穆公崩逝，竟然要秦国三个很有贤名的臣子陪葬，可以说是自毁长城，成为他一生最大的污点。这段选文还记录了其他几件相关的史事：晋蒐于夷、陈卫之睦、季文子将聘于晋、晋襄公卒、杀阳处父、晋杀续简伯、闰月不告朔等。这是文公六年发生的事。

【原文】

　　六年春，晋蒐于夷，舍①二军。使狐射姑将中军，赵盾佐之。阳处父至自温，改蒐于董，易②中军。阳子，成季之属也，故党③于赵氏，且谓赵盾能，曰："使④能，国之利也。"是以上之。宣子于是乎始为国政。制事典，正法罪，辟狱刑，董逋逃，由质要，治旧洿，本秩礼，续常职，出滞淹。既成，以授大傅阳子与大师贾佗，使行诸晋国，以为常法。

臧文仲以陈、卫之睦也，欲求好于陈。夏，季文子聘于陈，且娶焉。

秦伯任好⑤卒。以子车氏之三子奄息、仲行、铖虎为殉⑥，皆秦之良也。国人哀之，为之赋《黄鸟》⑦。

【注释】

①舍：舍弃，裁汰。

②易：改易，改换。

③党：偏袒。

④使：使用，任用。

⑤任好：秦穆公之名。

⑥殉：殉葬，陪葬。

⑦《黄鸟》：见《诗·秦风》。

【译文】

鲁文公六年春季，晋国在夷地检阅军队，裁掉二军。任命狐射姑为中军帅，赵盾辅助他。阳处父从温地回来，改在董地阅兵，改换中军主将。阳处父曾是赵衰的下属，所以偏袒赵氏，并且认为赵盾有才能，他说："任用有才能的人，这对国家有好处。"所以让赵盾居于高位。赵宣子（赵盾）从这时候开始掌管晋国政权，制定办事章程，修订法律条令，清理诉讼积案，督察追捕逃犯，使用契约账簿，清除政治弊端，恢复等级制度，重建已废官职，提拔屈居下层的贤能之人。新的政令法规完成以后，交给太傅阳处父和太师贾佗，让他们在晋国推行，作为通行的法则。

臧文仲因为陈、卫两国的友善相处，也想同陈国建立友好关系。夏天，季文子到陈国聘问，并且娶了妻室。

　　秦穆公去世，用子车氏的三个儿子奄息、仲行、缄虎陪葬。他们都是秦国的贤良人才。秦国人人哀悼他们，为他们作了一首题为《黄鸟》的诗。

【原文】

　　君子曰："秦穆之不为盟主也宜哉。死而弃民。先王违世[①]，犹诒[②]之法，而况夺之善人乎？《诗》曰：'人之云亡，邦国殄瘁。'[③]无善人之谓。若之何夺之？古之王者知命之不长，是以并建圣哲，树之风声，分之采物，著之话言，为之律度[④]，陈之艺极[⑤]，引之表仪[⑥]，予之法制，告之训典[⑦]，教之防利[⑧]，委之常秩[⑨]，道之礼则，使毋失其土宜，众隶赖之，而后即命。圣王同之。今纵无法以遗后嗣，而又收其良以死，难以在上矣。"君子是以知秦之不复东征也。

【注释】

扫码看视频

　　①违世：去世。

　　②诒（yí）：通"贻"，遗留。

　　③"《诗》曰"句：出自《诗·大雅·瞻卬》。殄（tiǎn），绝尽。瘁，病。

　　④律度：法度。

　　⑤艺极：准则。

　　⑥表仪：表率。

　　⑦训典：遗训典章。

　　⑧防利：防止贪利。

　　⑨常秩：这里指一定的职务。

【译文】

君子评论说："秦穆公没有成为诸侯首领，是应当的。他都死了还遗弃百姓。以前的君王离世，还给后人留下法则，而何论夺走百姓心中的好人呢？《诗》说：'贤良之人死去，国家就要衰弱了。'这说的就是没有好人的结果。怎么还要夺走他们呢？古代身居王位的人，自知寿命不可能永久，所以广泛选拔贤能，为他们树立风范教化，按品级分给他们旗帜服装，给他们写箴言规谏，给他们制定各种法度，为他们公布各种准则，以各种表率引导他们，教他们使用法规，告诉他们先王的遗训典章，教导他们如何防止贪求私利，委任他们以一定的官职，教他们遵从合乎礼的法则，让他们不违背因地制宜的原则，使全国臣民都信赖他们，然后才与世长辞。圣人和先王都是这样做的。如今秦穆公不但没有给后人留下法则，反而用秦国有才干的人来殉葬，这就难以居于各诸侯之上了。"君子因此知道秦国今后不能再向东征伐了。

【原文】

秋，季文子将聘于晋，使求遭丧之礼^①以行。其人曰："将焉用之？"文子曰："备豫^②不虞^③，古之善教^④也。求而无之，实难。过求，何害^⑤？"

【注释】

①遭丧之礼：遇到丧事所应备的物品。

②备豫：防备，准备。

③不虞：意料不到的事。

④善教：好的遗教。

⑤害：害处。

【译文】

秋季，季文子准备到晋国聘问，让人准备一些办丧事时需要用到的物品，然后才启程。随从人员就问："准备这些有什么用？"文子说："以备不时之需，这是古代的好遗教。事到临头再去准备而无法得到，会处于困境。多准备一点儿，又有什么坏处呢？"

【原文】

八月乙亥，晋襄公卒。灵公少，晋人以难故，欲立长君。赵孟曰："立公子雍。好善①而长，先君爱之，且近于秦。秦，旧好也。置善②则固，事长③则顺，立爱④则孝，结旧则安。为难故，故欲立长君。有此四德者，难必抒⑤矣。"贾季曰："不如立公子乐。辰嬴嬖于二君，立其子，民必安之。"赵孟曰："辰嬴贱，班在九人，其子何震⑥之有？且为二君嬖，淫也。为先君子，不能求大，而出在小国，辟也。母淫子辟，无威；陈小而远，无援。将何安焉？杜祁⑦以君故，让偪姞⑧而上之⑨；以狄故，让季隗而己次之，故班在四。先君是以爱其子，而仕⑩诸秦，为亚卿⑪焉。秦大而近，足以为援；母义子爱，足以威民。立之，不亦可乎？"使先蔑、士会如秦，逆公子雍。贾季亦使召公子乐于陈。赵孟使杀诸郫。

贾季怨阳子之易其班也，而知其无援于晋也。九月，贾季使续鞫居杀阳处父。书曰："晋杀其大夫。"侵官⑫也。

【注释】

①好善：好善乐施。
②置善：指立善良的人为君。

③事长：侍奉年长的人。

④立爱：立先君所爱之子。

⑤抒：通"纾"，缓解。

⑥震：威严。

⑦杜祁：公子雍的母亲。

⑧偪姞：晋襄公之母。

⑨上之：以之为上，即让她的位置在自己之上。

⑩仕：做官。

⑪亚卿：周制，卿分上、中、下三级，亚卿为中卿。

⑫侵官：超越权限而侵犯其他官员的职权。

【译文】

八月十四，晋襄公死了。晋灵公年幼，而此时晋国发生动乱，晋国人想立年长的公子为国君。赵孟说："立公子雍。他好善乐施而且年长，先君很喜欢他，并且他又和秦国亲近。秦国是我国的老朋友了。立好人为君，国家就能牢靠，侍奉年长的人可谓名正言顺，立先君所爱之子也合于孝道，结交老盟友能使国家安定。因为我国正发生祸难，所以要立年长的新君。有这四方面德行的人做君主，祸乱就一定可以得到缓解了。"贾季说："不如立公子乐。他母亲辰嬴受到两位国君的宠幸，立她的儿子为君，百姓必然安定。"赵孟说："辰嬴地位低贱，位次排列第九，她的儿子有什么威严呢？况且为两位国君所宠幸，这是淫荡。公子乐作为先君的儿子，不能求得大国的庇佑而出居在僻小的国家，这是鄙陋。母亲淫荡，儿子鄙陋，就没有威严；陈国弱小又远离我国，一旦晋国有急难，不能前来救援，又怎么能安定呢？杜祁由于晋襄公的缘故，让偪姞排在她上面；由于狄人的缘故，让季隗居上位而自己排在她后面，所以位次排在第四。先君因此喜爱她的儿子，叫他在秦国做官，位居亚卿。秦国强大而又邻近我国，晋国有事秦国能够及时救援；母亲有德义，儿子受到喜爱，足以威临百姓。立他为君，不是应该的吗？"于是派先蔑、士会到秦国接回公子雍。贾季也派人到陈国召回公子乐。赵孟派人在郫地杀了公子乐。

贾季怨恨阳处父改变了他在军中的职务，又知道他在晋国无人援助。九月，贾季派续鞫居杀死阳处父。《春秋》记载说："晋国人杀了他们的大夫。"这是因为阳处父夺了贾季的官职。

【原文】

冬十月，襄仲如晋葬襄公。

十一月丙寅，晋杀续简伯。贾季奔狄。宣子使臾骈送其帑①。夷之蒐，贾季戮臾骈，臾骈之人欲尽杀贾氏以报焉。臾骈曰："不可。吾闻《前志》有之曰：'敌惠敌怨，不在后嗣，忠之道也。'夫子礼于贾季，我以其宠报私怨，无乃②不可乎？介人之宠，非勇也。损怨益仇，非知也。以私害公，非忠也。释③此三者，何以事夫子？"尽具其帑，与其器用财贿，亲帅扞④之，送致诸竟。

闰月不告朔，非礼也。闰以正时，时以作事，事以厚生⑤，生民之道，于是乎在矣。不告闰朔，弃时政也，何以为民？

【注释】

①帑：妻子儿女。

②无乃：相当于"莫非""恐怕是"，表示委婉测度的语气。

③释：放下，舍弃。

④扞：保卫。

⑤厚生：使人民生活富足。

【译文】

冬季十月，襄仲前往晋国，参加襄公的葬礼。

十一月某一天，晋国杀了续简伯（续鞠居）。贾季逃到狄人部落。宣子（赵盾）派史骈把他的妻子儿女送去。在夷地阅兵时，贾季曾经侮辱过史骈，史骈的随从为此准备杀尽贾季全家来为主人报仇。史骈说："不行。我听说《前志》中有这样的话：'有恩惠于人或有怨恨于人，跟他的后代都没有关系，这是忠恕之道。'宣子对贾季表示礼貌，我却因为受他的宠信而报自己的私仇，恐怕不妥吧？依靠别人的宠信而报私仇，这不是勇敢。宣泄怨气而增加仇恨，这是不智。为了私而损害公，这是不忠。舍弃了这三点，我拿什么去侍奉宣子呢？"因此史骈遵照宣子的命令，把贾季的妻儿和器用财物准备齐全，亲自领头护卫，送到边境上。

这一年闰月，鲁国没有举行太庙告朔的仪式，这是不合乎礼制的。闰是用来补正四时差数的，依据四时来安排农事，农事合于时令可使百姓丰衣足食，百姓赖以生存的方法就在于此了。不举行闰月的告朔仪式，就是违背了施政的时令，怎么能治理好百姓呢？

点师名评

作者借用人事表明，秦穆公不该用贤人生殉，玷污其德行，导致秦国不能称霸，反映出作者一贯的观点，即战争胜败、国家兴亡与当事者的德行密切相关。本篇选文说理颇有气势，得益于使用了以下修辞手法：一是用排比，如"制事典，正法罪……续常职，出滞淹""树之风声，分之采物……道之礼则"，铺陈事理，给人以势不可挡的感觉；二是使用短句，特别是前文所提排比段落，使用三字、四字短句，有勾连接续的畅快感；三是使用了顶针续麻的手法，如"闰以正时，时以作事，事以厚生，生民之道"，也有圆转流畅的效果。

延伸/阅读

诗·秦风·黄鸟

交交黄鸟，止于棘。谁从穆公？子车奄息。
维此奄息，百夫之特。临其穴，惴惴其栗。
彼苍者天，歼我良人！如可赎兮，人百其身！
交交黄鸟，止于桑。谁从穆公？子车仲行。
维此仲行，百夫之防。临其穴，惴惴其栗。
彼苍者天，歼我良人！如可赎兮，人百其身！
交交黄鸟，止于楚。谁从穆公？子车针虎。
维此针虎，百夫之御。临其穴，惴惴其栗。
彼苍者天，歼我良人！如可赎兮，人百其身！

这首诗歌记载了良将良臣被秦穆公殉葬的事件，表达了对人殉制度的愤怒，以及对被殉葬的秦国贤臣的无比痛惜。

学海/拾贝

☆ 人之云亡，邦国殄瘁。
☆ 古之王者知命之不长，是以并建圣哲，树之风声，分之采物，著之话言，为之律度，陈之艺极，引之表仪，予之法制，告之训典，教之防利，委之常秩，道之礼则，使毋失其土宜，众隶赖之，而后即命。圣王同之。

宋车夫羊斟败国

名师导读

郑国与楚国结为盟国，鲁宣公二年，郑国受楚国之命发兵攻打宋国。有个叫羊斟的人，是宋国主帅华元所乘坐战车的车夫。大战前，华元为了鼓舞士气，熬了羊羹犒劳士兵，偏偏车夫羊斟没有分到。羊斟为人小气，便怀恨在心，等到郑、宋两军交战的时候，他驾车拉着华元直接冲入郑国的军阵当中，结果华元被俘，宋军大败。羊斟就这样因私人恩怨而耽误了军国大事。这段史事还涉及宋师败绩、华元巡功、秦师伐晋等事件。诸侯间的攻伐争战越来越频繁，越来越"无礼"。

【原文】

二年春，郑公子归生受命于楚，伐宋。宋华元、乐吕御之。二月壬子，战于大棘^①，宋师败绩。囚华元，获乐吕，及甲车四百六十乘，俘二百五十人，馘^②百人。

狂狡辂^③郑人，郑人入于井。倒戟^④而出之，获狂狡。君子曰："失礼违命，宜其为禽也。戎，昭果^⑤毅^⑥以听之之谓礼。杀敌为果，致果为毅。易之，戮也。”

【注释】

①大棘：古地名，在今河南柘城西北。

②馘（guó）：古代战时割取所杀敌人的左耳，用以计功。

③辂（yà）：通"迓"，迎战。

④倒戟：倒拿着戟，指将戟柄授与人。

⑤果：果敢。

⑥毅：刚毅。

【译文】

鲁宣公二年春季，郑国公子归生接受楚国命令攻打宋国。宋国华元、乐吕带兵抵御。二月壬子这一天，郑、宋两国在大棘相战，宋军被打败。郑国囚禁了华元，杀死乐吕，缴获战车四百六十辆，俘虏宋军二百五十人，割了敌人的一百只耳朵。

狂狡迎战郑军，有个郑国人掉入井中。狂狡把戟柄放到井中拉他上来，那个人出井以后却俘虏了狂狡。君子说："不遵从战争的法则，违背杀敌的命令，他理应被俘。战争中，发扬果敢刚毅的精神并存念于心而行动于外，这叫作礼。能杀死敌人就是果敢，能养成这种果敢精神就是刚毅。若反过来，就会被杀戮。"

【原文】

将战，华元杀羊食士，其御①羊斟不与。及战，曰："畴昔②之羊，子为政③；今日之事，我为政。"与入郑师，故败。君子谓："羊斟非人也，以其私憾④，败国殄⑤民，于是刑孰大焉？《诗》所谓'人之无良⑥'者，其羊斟之谓乎，残民以逞⑦。"

宋人以兵车百乘、文马⑧百驷以赎华元于郑。半入，华元逃归，立于门外，告而入。见叔牂，曰："子之马然也。"对曰："非马也，其人也。"既合而来奔。

【注释】

①御：御者，车夫。

②畴昔：日前，从前。

③为政：做主。

④私憾：私仇，私怨。

⑤殄：残害。

⑥人之无良：出自《诗·国风·鄘风·鹑之奔奔》。

⑦逞：快心，称愿。

⑧文马：毛色有文采的马。

【译文】

准备开战之时，华元杀羊犒赏士兵，他的车夫羊斟没有吃上。等到打起仗来，羊斟说："日前的羊羹，是你做主；今天打仗驾车，是我做主。"于是驱车进入郑军，因此宋军大败。君子认为："羊斟简直不是人，因为私怨使国家战败、百姓受害，还有比这更大的罪行吗？《诗》所谓'没有良知的坏人'，说的就是羊斟这种人吧，残害百姓以满足自己的欲望。"

宋国人用一百辆兵车、四百匹毛色漂亮的马，从郑国赎取华元。才送去一半，华元就逃回来了。华元站在城门外，告诉守门人自己的身份，接着进城。他见到羊斟（叔牂）后说："你的马不听指挥才会这样吧？"羊斟回答说："不在于马，在于人。"说完就逃到了鲁国。

【原文】

宋城，华元为植①，巡功②。城者讴③曰："睅④其目，皤⑤其腹，弃甲而复。于思于思，弃甲复来。"使其骖乘⑥谓之曰："牛则有皮，犀兕⑦尚多，弃甲则那？"役人曰："从其有皮，丹漆⑧若何？"华元曰："去之！夫其口众我寡。"

秦师伐晋，以报崇也，遂围焦。夏，晋赵盾救焦，遂自阴地⑨，及诸侯之师侵郑，以报大棘之役。楚斗椒救郑，曰："能欲诸侯，而恶其难乎？"遂次于郑，以待晋师。赵盾曰："彼宗竞⑩于楚，殆将毙矣。姑益其疾。"乃去之。

【注释】

①植：古时军队中监督工事的将官。

②巡功：巡行检查工作。

③讴：唱歌。

④睅（hàn）：鼓着眼睛，眼睛突出。

⑤皤（pó）：肚子大。

⑥骖乘：也作"参乘"。古代乘车时居右边陪乘的人。

⑦兕（sì）：犀牛一类的兽名，一说指雌性犀牛。

⑧丹漆：红色的漆。

⑨阴地：春秋晋地，今陕西商洛至河南嵩县东北，凡黄河以南、熊耳山脉以北一带皆是。

⑩竞：角逐，争斗。

【译文】

宋国筑城，华元作为主持人，巡行检查工作。筑城的人唱歌道："鼓着眼睛，挺着大肚，丢了皮甲往回跑。满脸长着络腮胡，丢盔卸甲逃回来。"华元让他的骖乘对他们说："有牛就有皮，犀牛、兕多的是，丢了皮甲又有什么关系？"筑城的人说："即使有牛皮，到哪里去找红漆？"华元说："走开吧！他们人多，我们人少，说不过他们。"

秦国军队攻打晋国，以报复晋军入侵崇地那次战役，于是围攻晋国焦地。夏季，晋国赵盾救援焦地，于是从阴地会同诸侯的军队袭击郑国，以报复郑国攻打大棘那次战役。楚国斗椒救援郑国，说："难道想得到诸侯的拥护，还害怕困难吗？"于是楚军就驻扎在郑国，等待晋军。赵盾说："他那个宗族在楚国争权夺利，大概要完蛋了。姑且让他自相残杀。"于是就率军离开了郑国。

点评 名师

在六卿中，华元作为宋军的右师，职位最高。虽然在宋、郑两军的大棘之战中溃败，但在当时战火纷争的年代，他还是有功绩可表的。华元也堪称一位有着博大胸怀的仁者。宋、郑两军交战中，作为车御的羊斟因为战前没有分到羊羹，把自己的愤恨放到了战场上，不听华元调遣，导致华元被俘，以致宋军大败。作为统帅三军的大将，战败已是奇耻大辱，更何况又被俘。但是华元在逃回宋国后，首先想到的不是如何对付羊斟来挽回自己的脸面，而是替羊斟开脱罪责，认为他这样做是因为马不听调遣所致。羊斟对此感觉无地自容，逃亡到鲁国去了。可见，忍辱负重、胸怀宽广从来都是成就大事业的必备素质。

晋灵公不君

名师导读

　　晋灵公即位后，除了奢华享乐，整日什么事也不干。大臣赵盾多次进言相劝，晋灵公便对他充满了强烈的不满，以至于仇恨他，在暗杀不成的情况下，又想用猛狗咬死赵盾。不得已，赵盾只好出逃。不久后，晋灵公被赵盾的族人赵穿发动政变杀死了。这段记载不仅写了晋灵公"不君"的种种表现，还塑造了与晋灵公相对立的两位理性劝谏的忠臣士季与赵盾，以及一位斩草除根的武士赵穿。这也是宣公二年发生的事。

【原文】

　　晋灵公不君①：厚敛以雕墙②；从台上弹人，而观其辟丸也；宰夫胹③熊蹯④不熟，杀之，置诸畚⑤，使妇人载以过朝。赵盾、士季见其手，问其故，而患之。将谏，士季曰："谏而不入⑥，则莫之继也。会请先，不入则子继之。"三进⑦，及溜⑧，而后视之，曰："吾知所过矣，将改之。"稽首而对曰："人谁无过？过而能改，善莫大焉。《诗》曰：'靡不有初，鲜克有终。'⑨夫如是，则能补过者鲜矣。君能有终，则社稷之固也，岂惟群臣赖⑩之。又曰：'衮职有阙，惟仲山甫补之⑪。'能补过也。君能补过，衮不废矣。"

犹不改。宣子骤⑫谏，公患之，使鉏麑⑬贼⑭之。晨往，寝门辟矣，盛服⑮将朝。尚早，坐而假寐⑯。麑退，叹而言曰："不忘恭敬，民之主也。贼民之主，不忠；弃君之命，不信。有一于此，不如死也。"触槐而死。

【注释】

① 不君：不行君道。

② 雕墙：装饰墙壁。这里指修筑豪华宫室，生活奢华。

③ 胹（ér）：煮。

④ 熊蹯（fán）：熊掌。

⑤ 畚（běn）：筐篓一类盛物的器具。

⑥ 不入：不采纳，不接受。

⑦ 三进：向前走了三次。始进入门，再进入庭，三进升阶。

⑧ 溜：屋檐下滴水处。此指屋檐下。

⑨ "《诗》曰"句：出自《诗经·大雅·荡》。靡，没有。

⑩ 赖：依靠。

⑪ 衮（gǔn）职有阙，惟仲山甫补之：出自《诗经·大雅·烝民》。衮，天子之服，此指周宣王。

⑫ 骤：多次。

⑬ 鉏（chú）麑（ní）：晋国勇士。

⑭ 贼：杀害。

⑮ 盛服：穿戴好上朝的礼服。

⑯ 假寐：和衣打盹。

【译文】

晋灵公不遵守做国君的规则：大量征收赋税来修筑宫室，满足奢侈

扫码看视频

的生活；从高台上用弹弓射人，观看他们躲避弹丸的样子；厨师没有把熊掌炖烂，他就把厨师杀了，放在畚箕里，让宫女们抬着走过朝堂。大臣赵盾和士季看见露出的死人之手，便询问厨师被杀的原因，并为晋灵公的无道而忧虑。他们打算进谏规劝晋灵公，士季说："如果您去进谏而国君不听，那就没有人能接着进谏了。请让我先去规劝，他不接受，您再接着去劝。"士季去见晋灵公时往前走了三次，到了屋檐下，晋灵公才抬头看他，并说："我已经知道自己的过错了，准备今后改正。"士季叩头回答说："哪个人能不犯错误呢？犯了错误能够改正，没有比这更好的了。《诗》说：'凡事无不有好的开始，但却很少能有好的结果。'如果这样，那么能够弥补过失的人就很少了。若您能坚持下去，有个好结果，那就是国家的保障啊，岂止是我们作为臣子的依靠呢。《诗》又说：'周宣王有了过失，仲山甫能够弥补。'这说的是君王能够弥补过失。君王如能弥补过失，则晋之社稷可以不坏。"

晋灵公依然不改。赵盾又多次劝谏，晋灵公感到厌烦，便派钼麑去刺杀赵盾。钼麑一大早就去了赵盾的家，只见卧室的门开着，赵盾已穿好礼服准备上朝。时间还早，他和衣闭目坐等。钼麑退了出来，感叹地说："这种时候还不忘记恭敬国君，真是百姓的靠山啊。杀害百姓的靠山，这是不忠；背弃国君的命令，这是不信。不忠与不信，我总占有一条，还不如去死。"于是，钼麑一头撞在槐树上死了。

【原文】

秋九月，晋侯饮①赵盾酒，伏甲，将攻之。其右提弥明②知之，趋登③，曰："臣侍君宴，过三爵④，非礼也。"遂扶以下，公嗾⑤夫獒焉，明搏而杀之。盾曰："弃人用犬，虽猛何为？"斗且出，提弥明死之。

初，宣子田于首山⑥，舍于翳桑⑦，见灵辄饿，问其病。曰："不食三日矣。"食之，舍其半。问之。曰："宦⑧三年矣，未知母之存否，今近焉，请以遗之。"使尽之，而为之箪⑨食与肉，置诸橐⑩以与之。既而与为公介⑪，倒戟以御公徒，而免之。问何故。对曰："翳桑之饿人也。"问其名居，不告而退。遂自亡也。

【注释】

①饮：指让人饮酒。

②提弥明：晋国勇士，赵盾的车右。

③趋登：快步上殿堂。

④过三爵：超过了三杯酒。爵，古时的酒器。

⑤嗾（sǒu）：用嘴发出声音，驱使狗活动。

⑥首山：首阳山，在今山西永济东南。

⑦翳（yì）桑：首山附近的地名。

⑧宦：为人臣隶。

⑨箪（dān）：古代用来盛饭的圆形竹器。

⑩橐（tuó）：袋子。

⑪介：指卫兵。

【译文】

秋九月，晋灵公请赵盾喝酒，事先埋伏下甲士，打算杀死赵盾。赵盾的车右提弥明发现了这个阴谋，快步登上殿堂，说："臣下侍奉国君饮酒，超过三杯，就不合乎礼了。"于是就扶着赵盾下殿，晋灵公唤出恶狗扑过去，提弥明上前搏斗，把狗杀了。赵盾说："不用人而利用狗，虽然凶猛，又有什么用呢？"二人一边搏斗一边退了出去，结果提弥明为赵盾战死了。

当初，赵盾在首阳山打猎，住在翳桑，看见灵辄饿得厉害，问他有什么病。灵辄说："我已经三天没吃东西了。"赵盾给他食物，他留下一半。问他原因。他说："我在外为人臣隶三年了，不知道母亲还在不在，现在快到家了，请让我把这个留给她。"赵盾让他吃完，又给他准备了一筐饭和一些肉，放在袋子里给他。后来灵辄做了晋灵公的卫兵，在这次事件中调转矛头来抵御晋灵公的其他卫兵，使赵盾免于祸难。赵盾问他为何这样做。他回答说："我就是翳桑那个饿倒的人。"赵盾再问他的姓名住处，他没有回答就退出去了。于是赵盾就自己逃走了。

【原文】

乙丑，赵穿①攻灵公于桃园。宣子未出山而复。大史书曰："赵盾弑其君。"以示于朝。宣子曰："不然。"对曰："子为正卿，亡不越竟，反不讨贼②，非子而谁？"宣子曰："乌呼③！'我之怀矣，自诒④伊戚'，其我之谓矣！"孔子曰："董狐，古之良史也，书法不隐⑤。赵宣子，古之良大夫也，为法受恶⑥。惜也，越竟乃免。"

宣子使赵穿逆公子黑臀于周而立之。壬申，朝于武宫⑦。

【注释】

①赵穿：晋国大夫，赵盾的堂兄弟。

②贼：弑君的人，这里指赵穿。

③乌呼：感叹词，同"呜呼"。

④诒：通"贻"，留下。

⑤隐：隐讳，隐瞒。

⑥恶：指弑君的恶名。

⑦武宫：晋武公的宗庙，在曲沃。

【译文】

九月二十六，赵穿在桃园杀死了晋灵公。赵盾在逃亡，还没有走出国境的山界，听到灵公被杀便回来了。晋国太史董狐记载道："赵盾杀了他的国君。"他还把这个说法拿到朝堂上公布。赵盾说："不是这样。"太史回答说："您是正卿，逃亡而不出国境，回来后又不惩罚凶手，弑君的人不是您又是谁呢？"赵盾说："唉！《诗》说：'因为我的怀恋，自己给自己带来了忧伤。'恐怕说的就是我了。"孔子说："董狐是古代的好史官，记事的原则是直书而不隐讳。赵盾是古代的好大夫，因为史官的记事原则而蒙受了弑君的恶名。可惜啊，如果他出了国境，就能免去弑君之名了。"

赵盾派赵穿到成周去迎接晋国公子黑臀，把他立为国君。十月初三，公子黑臀去朝拜了武公庙。

名师点评

晋灵公在位期间，横征暴敛，滥杀无辜，鱼肉百姓。臣子们对他多次劝谏，他不但不听，还一次次谋杀赵盾这样的忠臣。纵观历史，无论在哪个时代，只要有昏庸残暴的暴君、苛政存在，就有敢于直言规劝的义士出现，并有敢于弑君的勇士出现，前者如赵盾，后者如赵穿。他们明知自己的行为将要以自己的生命为代价，甚至以家族的灭亡为代价，但依然大义凛然，慷慨陈词，视死如归。他们面对残暴和死亡，敢于挺身而出，决不向残暴专制、黑暗腐朽屈膝让步。正是这样的义士、勇士的存在，推动了制度的变革和历史的前进。《左传》的悲剧精神在这段史事中尤为明显。

王孙满对楚子

楚国一直梦想能够入主中原，经过数代楚国君王的努力，到了楚庄王的时候，楚国已经非常强大了。宣公三年，晋、楚两国侵伐郑国，诸侯争战十分激烈。一次，楚庄王攻打陆浑之戎后，特地列兵于周朝边境，借此彰显自己的军力，并以问鼎的举动来表达自己称霸的欲望，觊觎周王室。王派使者王孙满去劳军，王孙满在楚庄王面前毫不示弱，以"鼎之轻重，未可问也"的强硬辞令维护了周天子的地位。

【原文】

三年春，不郊，而望①，皆非礼也。望，郊之属也。不郊亦无望，可也。

晋侯伐郑，及郔。郑及晋平，士会入盟。

楚子伐陆浑之戎，遂至于雒，观兵②于周疆。定王使王孙满劳楚子。楚子问鼎之大小、轻重焉。对曰："在德不在鼎。昔夏之方有德也，远方图物③，贡金④九牧⑤，铸鼎象物，百物而为之备，使民知神、奸。故民入川泽山林，不逢不若⑥。螭魅罔两，莫能逢之。用⑦能协于上下，以承天休⑧。桀有昏德，鼎迁于商，载祀六百。商纣暴虐，鼎迁于周。德之休明⑨，虽小，重也。其奸回昏乱，虽大，轻也。天祚明德，有所厎止⑩。成王定鼎于郏鄏，卜世三十，卜年七百，天所命也。周德虽衰，天命未改。鼎之轻重，未可问也。"

夏，楚人侵郑，郑即晋故也。

【注释】

①望：望祭。古代祭祀山川的专名。

②观兵：陈兵示威。

③图物：把事物画成图像。

④金：指青铜。

⑤九牧：九州之长。

⑥不若：不顺，指不吉利的东西。

⑦用：因此，所以。

⑧休：福佑。

⑨休明：美善光明。

⑩厎（zhǐ）止：至，终。

扫码看视频

【译文】

鲁宣公三年春季，未举行郊祭而举行望祭，这是不合乎礼的。望祭，是郊祭的一种。不举行郊祭，也不举行望祭，这才合理。

晋成公发兵攻打郑国，到达郔地。郑国和晋国议和，士会到郑国缔结和约。

楚庄王发兵攻打陆浑的戎人，到达雒水，在周朝境内陈兵示威。周定王派遣王孙满前去慰劳楚庄王。楚庄王问起九鼎的大小和轻重。王孙满回答说："鼎的大小、轻重在于持鼎人的德行，而不在于鼎本身。从前夏朝正是有德的时候，把远方的各种物象画成图像，让九州的长官进贡青铜，铸造九鼎并且把图像铸在鼎上，天下万物都铸在上面，让百姓知道何物为神，何物为奸。所以百姓进入川泽、山林，就不会碰上不顺的事。魑魅魍魉等鬼怪也不会碰上。因而能够使上下和谐，以承受上天的福佑。夏桀昏乱无德，鼎迁到了商朝，商朝前后存在了六百年。商纣暴虐，鼎又迁到了周朝。如果德行美好光明，鼎虽然小，也是重的。若奸邪昏乱，鼎虽然大，也是轻的。上天赐福给明德的人，是有一定期限的。成王把九鼎安放在郏鄏，占卜的结果是传世三十代，享国七百年，这是上天授命的。周朝的德行虽然衰减，但天命还未改变。鼎的轻重，是不能询问的。"

夏季，楚国人进攻郑国，这是因为郑国又亲附了晋国。

名师点评

"问鼎"之典即出于此。楚庄王吞并一些小国之后，野心膨胀，"问鼎之大小、轻重焉"，是有觊觎周室之心。王孙满看透了他的野心，便处处用"德"与"天命"压服他。王孙满所答，义正词严，极尽臣子之职分，对楚庄王也起到了一定的震慑作用。楚庄王此次问鼎，标志着楚国已进入空前强盛的时期，实际上支配着中原局势。强大如楚国，称霸中原之心十分强烈，但是"天命未改"，"问鼎中原"就没资格。"天命"思想在历史书写中往往用以解释武力强大、声势所向却无法扭转历史进程的悲剧结局，如项羽不肯过江东，是因为"天之亡我，我何渡为"，虽然司马迁认为"天亡我，非用兵之罪也"为谬论，但却也无法改变历史的悲剧。《三国演义》小说篇末古风有云："纷纷世事无穷尽，天数茫茫不可逃。""天命"思想更加浓厚。

延伸/阅读

鼎

　　鼎本来是我国古代的人用以烹煮或盛储肉类的器具，也就是当时的青铜炊器，有三足圆鼎，也有四足方鼎。最早的鼎是黏土烧制的陶鼎，后来又有了用青铜铸造的铜鼎。传说夏禹曾收九牧之金铸九鼎于荆山之下，以象征九州，并在上面镌刻魑魅魍魉的图形，让人们警惕，防止被其伤害。自从有了禹铸九鼎的传说，鼎就从一般的炊器而发展为传国重器。国灭则鼎迁，夏朝灭，商朝兴，九鼎迁于商都亳；商朝灭，周朝兴，九鼎又迁于周都镐京。历商至周，都把定都或建立王朝称为"定鼎"。"鼎"逐步被后世认为是最能代表至高权力的器物。

学海/拾贝

　　☆ 人谁无过？过而能改，善莫大焉。
　　☆ 鼎之大小，在德不在鼎。

齐晋鞌之战

名师导读

在齐桓公之后，齐国虽然仍保有大国的地位，但实际上已经没有实力再挺进中原问鼎霸主了。随着秦、楚与晋的斗争不断加剧，齐国成了多方拉拢的对象，齐国地位不断提高，齐顷公的野心逐渐膨胀，一心想复兴霸业。一场为争夺霸权而展开的大战在齐国和晋国之间爆发。成公二年，齐、晋两国于鞌地展开对战。在强大的晋国面前，齐国以惨败收场。从此，晋国逐渐走向了中兴之路。这段史事中，作者花了不少笔墨去描写正式战争爆发之前，晋、鲁、卫三国与齐军如何交涉，高固个人余勇如何可嘉，还补写韩厥梦兆的应验、逢丑父代君难的结局、齐侯免难之后的行为语言等，"春秋大义"在某种程度上还在发挥作用。

【原文】

师从齐师于莘。六月壬申，师至于靡笄之下。齐侯使请战，曰："子以君师辱于敝邑，不腆敝赋，诘朝请见。"对曰："晋与鲁、卫，兄弟也。来告曰：'大国朝夕释憾①于敝邑之地。'寡君不忍，使群臣请于大国，无令舆师②淹于君地。能进不能退，君无所辱命。"齐侯曰："大夫之许，寡人之愿也；若其不许，亦将见也。"齐高固入晋师，桀③石以投人，禽④之而乘其车，系桑本⑤焉，以徇齐垒，曰："欲勇者贾⑥余余勇。"

【注释】

①释憾：泄愤。

②舆师：众军，军队。

③桀：通"揭"，举起。

④禽：擒获，抓住。

⑤桑本：桑树根。

⑥贾：买。

【译文】

晋、鲁、卫联军在莘地赶上齐军。六月十六日，军队到靡笄山下。齐顷公派人请战，说："您带领国君的军队光临敝邑，敝国的军队实力不强，请在明天早晨相见决战。"郤克回答说："晋和鲁、卫是兄弟国家，他们前来告诉我们说：'大国不分早晚都在敝邑的土地上发泄气愤。'晋君不忍，派臣下们前来向大国请求，而又不让我军长久逗留在贵国。我们只能前进不能后退，您的命令是不会不照办的。"齐顷公说："大夫允许一战，这正是寡人的愿望；若不允许，我们也要兵戎相见。"齐国的高固攻入晋军，拿起石头扔向晋军，抓住晋军士兵，然后坐上他的战车，把桑树根系在车上，巡行到齐营说："想要勇气的人可以来买我多余的勇气！"

【原文】

癸酉，师陈于鞌①。邴夏②御齐侯，逢丑父为右。晋解张③御郤克，郑丘缓为右。齐侯曰："余姑翦灭④此而朝食。"不介马而驰之。郤克伤于矢，流血及屦，未绝鼓音⑤，曰："余病⑥矣！"张侯曰："自始合⑦，而矢贯⑧余手及肘，余折以御，左轮朱殷，岂敢言病。吾子忍之！"缓曰："自始合，苟有险，余必下推车，子岂识之？然子病矣！"张侯曰："师之耳目，在吾旗鼓，进退从之。此车一人殿⑨之，可以集事，若之何其以病败君之大事也？擐⑩甲执兵，固即死也。病未及死，吾子勉⑪之！"左并辔⑫。右援枹⑬而鼓。马逸⑭不能止，师从之。齐师败绩。逐之，三周华不注⑮。

【注释】

①鞌（ān）：齐国地名，在今山东济南附近。

②邴（bǐng）夏：齐国大夫。

③解张：晋国大夫，又称张侯。

④翦（jiǎn）灭：消灭。

⑤未绝鼓音：没有停止击鼓。作战时，主帅亲自掌旗鼓，指挥三军，所以克受伤后仍然击鼓不停。

⑥病：负伤。

⑦合：交战。

⑧贯：穿。

⑨殿：镇守。

⑩擐（huàn）：穿上。

⑪勉：尽力，努力。

⑫辔（pèi）：驾驭牲口用的缰绳。

⑬枹（fú）：鼓槌。

⑭逸：奔跑，狂奔。

⑮华不注：山名，在山东济南东北。

【译文】

六月十七日，齐国和晋国的军队在鞌地摆开了阵势。邴夏为齐顷公驾车，逢丑父担任车右。晋国解张为郤克驾车，郑丘缓担任车右。顷公说："我暂且先消灭这些敌人再吃早饭。"齐军没有给马披甲就驱车进击晋军。郤克被箭射伤，血流到鞋子上，但他一直没有停止击鼓，他说："我受伤了！"解张说："从一开始交战，我的手和胳膊就被箭射穿了，我折断了箭继续驾车，左边的车轮被血染成了深红色，哪里敢说受了伤？您还是忍住吧！"郑丘缓说："从一开始交战，只要遇到险阻，我必定下去推车，您哪里知道这些？不过您确实受伤了！"解张说："我们的旗帜和战鼓是军队的耳目，军队进攻和后撤都听从旗鼓指挥。这辆战车只要一个人镇守，就可以成事，怎么能因为负了伤而败坏国君的大事呢？穿上铠甲，拿起武器，本来就是去赴死的。您虽受了伤但还没到死的程度，还是奋力而为吧！"解张左手把缰绳全部握在一起，右手拿起鼓槌来击鼓。战马狂奔不已，晋军跟着主帅的车前进。齐军大败。晋军追击齐军，围着华不注山追了三圈。

【原文】

韩厥梦子舆谓己曰："旦辟左右。"故中御而从齐侯。邴夏曰："射其御者，君子也。"公曰："谓之君子而射之，非礼也。"射其左，越①于车下；射其右，毙于车中。綦毋张丧车，从韩厥，曰："请寓乘。"从左右，皆肘之，使立于后。韩厥俛②，定其右。逢丑父与公易位。将及华泉，骖絓③于木而止。丑父寝于辗④中，蛇出其下，以肱⑤击之，伤而匿之，故不能推车而及。韩厥执絷⑥马前，再拜稽首，奉觞加璧以进，曰："寡君使群臣为鲁、卫请，曰：'无令舆师陷入君地。’下臣不幸，属当戎行⑦，无所逃隐。且惧奔辟，而忝⑧两君，臣辱戎士，敢告不敏⑨，摄官承乏⑩。”丑父使公下，如华泉取饮。郑周父御佐车⑪，宛茷为右，载齐侯以免。韩厥献丑父，郤献子将戮之。呼曰：“自今无有代其君任患者，有一于此，将为戮乎！”郤子曰：“人不难以死免其君，我戮之不祥。赦之以劝⑫事君者。”乃免之。

【注释】

①越：坠，掉。

②俛：同“俯”，俯身。

③维（guà）：受阻，绊住。

④辏（zhàn）：栈车。

⑤肱：这里指手臂。

⑥絷（zhí）：绊马索。

⑦戎行：行伍，军队。

⑧忝（tiǎn）：辱，辱没。

⑨不敏：无能，不聪明。常用作自谦之辞。

⑩承乏：填补空缺。

⑪佐车：副车。

⑫劝：劝勉，鼓励。

【译文】

韩厥梦见父亲子舆对他说：“明天不要站在战车两侧。”因此韩厥就站在中间驾驶战车追赶齐顷公。邴夏说：“射那个驾车的人，他是君子。”齐顷公说：“认为他是君子却射他，这不合于礼。”于是射车左，车左死在车下；射车右，车右死在车里。綦毋张失去了战车，跟上韩厥说："请允许我搭乘您的战车。"上车后，綦毋张准备站在车的左边或右边，韩厥用肘推他，让他站在身后。韩厥弯下身子，放稳车右的尸体。逢丑父和齐顷公乘机互换位置。快到华泉时，骖马被树木绊住而停了下来。头几天，逢丑父睡在战车里，有一条蛇爬到他身边，他用手臂去打蛇，手臂受了伤，但他隐瞒了这件事。因为这样，他不能用臂推车前进，因此才被韩厥追上。韩厥拿着绊马索走到齐顷公的马前，两次下拜并行稽首礼，捧着酒杯并将玉璧献上，说："我们国君派臣下们替鲁、卫两国求情，说：'不要让军队在齐国的土地久留。'下臣不幸，正好在军队服役，不能逃避躲藏。而且我也害怕奔走逃避会成为两国国君的耻辱，下臣不配充当一名战士，谨向君王报告我的无能，但由于人手缺乏，只好承当这个官职，执行任务，将您俘获。"逢丑父要齐顷公下车，到华泉去取水。郑周父驾驭副车，宛茷为车右，带上齐顷公逃走而免于被俘。韩厥献上逢丑父，郤克要杀死他。逢丑父喊道："到现在为止还没有代替他的国君受难的人，如今有一个在这里，还要被杀死吗！"郤克说："一个人不怕牺牲自己来使国君免于祸患，我杀了他是不吉利的。不如赦免了他，用来勉励侍奉国君的人。"于是便赦免了逢丑父。

【原文】

齐侯免，求丑父，三入三出。每出，齐师以帅退。入于狄卒，狄卒皆抽戈楯冒①之。以入于卫师，卫师免之。遂自徐关入。齐侯见保者②，曰："勉之！齐师败矣！"辟女子，女子曰："君免乎？"曰："免矣。"曰："锐司徒③免乎？"曰："免矣。"曰："苟君与吾父免矣，可若何？"乃奔。齐侯以为有礼，既而问之，辟司徒④之妻也。予之石窌。

【注释】

①冒：指保护。

②保者：守卫军。

③锐司徒：指主管锐利兵器的官吏。

④辟司徒：指主管军中营垒的官吏。

【译文】

　　齐顷公免于被俘以后，寻找逢丑父，在敌军中三进三出。每次出来的时候，齐军都簇拥着保护他。进入狄人军队中，狄人的士兵都拿起戈和盾以保护齐顷公。进入卫国军队中，卫军也对他不加伤害。于是，齐顷公就从徐关进入齐都临淄。齐顷公看到守军，说："你们好好努力吧！齐军战败了！"齐顷公的车前进时，前方开路的人叫一个女子躲开，这个女子说："国君免于祸难了吗？"得到回答说："免了。"她说："锐司徒免于祸难了吗？"得到回答说："免了。"她说："如果国君和我父亲免于祸难了，还要怎么样？"于是她就跑开了。齐顷公认为她有礼，经查询，才知道她是辟司徒的妻子，就赐给她石窌作为封地。

晋国要给鲁、卫两国解围，看似是鞌之战的导火索，其实是晋国要趁楚庄王刚去世，楚国不便发兵，想把齐国彻底地收服到自己的阵营中来，以增加将来与楚国角逐中原的资本。晋国使臣郤克多年前出使齐国的时候，曾被齐侯侮辱，这个恩怨，也是这场战争的原因。此时担任了晋国的中军元帅的郤克，自然极力主张伐齐。家国恩仇，一起了断。齐军仅凭借着匹夫之勇冲锋陷阵，结果只能在久经沙场的晋军面前一败涂地。而晋人在战场上刀光剑影的间隙，仍旧恪守君臣礼节，又让我们领略到古人克制与雍容的风度。齐晋鞌之战交代大背景的笔墨不多，而专注于以下三处：一是细节描写，如张侯并辔援枹击鼓与韩厥肘击綦毋张的动作细节，很是传神；二是场面描写，如高固桀石投人、驱车巡齐垒的勇猛表现，齐侯三入三出的场景，颇具英雄气质；三是人物对话，郤克与车御论"病"，以及齐侯与保者、女子对话，运用的是半限知视角，既有神秘性又有戏剧性。这使激烈的战争描写中，有了人性互相关爱的温情。《左传》之所以能传诵千古，除了有记录史实的功能之外，还有动人的文学魅力。

吕相绝秦

名师导读

　　秦桓公和晋厉公约定会盟于晋国令狐，当晋厉公到达令狐后，秦桓公却不愿意过黄河来参加盟会，只是派大臣前来，于是晋国就派郤犨到河西与秦伯会盟。不久后，秦桓公背弃盟约，暗中挑拨狄人、楚国与晋国的关系，企图利用狄、楚攻打晋国。于是，成公十三年，晋侯派出了大夫吕相出使秦国，提出从此与秦国绝交，之后晋军与诸侯之师一起在麻隧打败了秦军。吕相首先向秦表明，在晋文公即位之前，秦国是有恩于晋国的。但在晋文公称霸之后，晋国已经把欠秦国的旧债还清。此后，皆是秦国有负于晋。他从人之常情切入，列举了秦国背信弃义的事实，使秦国的寡恩少义展露出来，极富批判力。

【原文】

　　夏四月戊午，晋侯使吕相①绝秦，曰：“昔逮我献公，及穆公相好，戮力②同心，申③之以盟誓，重之以昏姻④。天祸⑤晋国，文公如齐，惠公如秦。无禄⑥，献公即世⑦，穆公不忘旧德，俾我惠公用能奉祀⑧于晋。又不能成大勋，而为韩之师⑨。亦悔于厥⑩心，用集⑪我文公，是穆之成也。文公躬擐甲胄，跋履⑫山川，踰越险阻，征东之诸侯，虞、夏、商、周之胤而朝诸秦，则亦既报旧德⑬矣。郑人怒君之疆埸^⑭，我文公帅诸侯及秦围郑。秦大夫不询于我寡君，擅及郑盟。诸侯疾^⑮之，将致命于秦。文公恐惧，绥静^⑯诸侯，秦师克还无害，则是我有大造于西^⑰也。无禄，文公即世。穆为不吊^⑱，蔑死我君，寡^⑲我襄公，迭^⑳我殽地，奸绝我好^㉑，伐我保^㉒城，殄灭我费滑，散离我兄弟^㉓，挠乱我同盟，倾覆我国家。我襄公未忘君之旧勋，而惧社稷之陨，是以有殽之师。犹愿赦罪于穆公，穆公弗听，而即楚谋我。天诱其衷，成王陨命，穆公是以不克逞志于我。穆、襄即世，康、灵即位。康公，我之自出^㉔，又欲阙翦我公室，倾覆我社稷，帅我螫贼^㉕，以来荡摇我边疆，我是以有令狐之役。康犹不悛^㉖，入我河曲，伐我涑川^㉗，俘我王官，翦我羁马^㉘，我是以有河曲之战。东道之不通^㉙，则是康公绝我好也。

扫码看视频

【注释】

①吕相：晋国大夫，魏锜的儿子，又叫魏相，因采邑在吕，故魏相又称吕相。

②戮力：合力，并力。

③申：申明，表明。

④昏姻：婚姻。秦、晋两国有联姻关系，即晋献公之女穆姬（也称伯姬）嫁与秦穆公为夫人。

⑤天祸：天降灾祸，指骊姬之乱。

⑥无禄：没有福禄。这里指不幸。

⑦即世：去世。

⑧奉祀：主持祭祀。这里指立为国君。

⑨韩之师：指秦晋韩原之战。

⑩厥：其，指秦穆公。

⑪集：成全，成就。

⑫跋履：跋涉。

⑬旧德：过去的恩惠。

⑭疆埸（yì）：边境。

⑮疾：憎恶，憎恨。

⑯绥静：安定，安抚。

⑰西：指秦国。

⑱不吊：不善。

⑲寡：弱小，认为孤弱可欺的意思。

⑳迭：通"轶"，突然进犯。

㉑我好：指晋国的同盟友好国家。

㉒保：通"堡"，小城。

㉓兄弟：指兄弟国家，即与晋国同为姬姓的郑、滑二国。

㉔我之自出：秦康公是晋献公之女穆姬所生，是晋之外甥，所以说"自出"。

㉕蟊（máo）贼：亦作"蟊贼"。原指吃禾苗的害虫。这里指晋公子雍。

㉖悛（quān）：悔改。

㉗涑（sù）川：水名，在今山西西南部。

㉘羁马：晋国地名，在今山西永济南。

㉙不通：指两国不再友好往来。

【译文】

鲁成公十三年夏季四月初五，晋厉公派吕相去秦国断交，说："从前我们先君献公与穆公相友好，同心合力，用盟誓来明确两国关系，用婚姻来加深两国关系。后来上天降祸给晋国，文公逃亡至齐国，惠公逃亡至秦国。献公不幸去世，穆公不忘从前的交情，使我们惠公因此能回晋国主持祭祀。但仍没能将功业完成好，于是发生了韩原之战。事后穆公心里感到后悔，因而又促成了我们文公回国为君。这都是穆公的功劳。文公亲自戴盔披甲，跋山涉水，经历艰难险阻，征讨东方诸侯国，虞、夏、商、周的后代都来朝见秦国君王，这就已经报答了秦国过去的恩德了。郑国人侵犯君王的边境，我们文公率领诸侯和秦国一起去包围郑国。秦国大夫不和我们国君商量，擅自同郑国订立盟约。诸侯们都痛恨这种做法，要同秦国拼命。文公担心秦国受损，安抚了诸侯，秦国军队这才得以回国而没有受到损害，这说明我晋国是有大功于秦国的。不幸，文公去世。穆公不怀好意，蔑视我们故去的国君，认为我们襄公孤弱可欺，突然进犯我们的殽地，断绝同我国的友好关系，攻打我们的小城，灭绝我们的盟友滑国，离间我们兄弟国家的关系，扰乱我们的同盟，妄图颠覆我们的国家。我们襄公没有忘记秦君以往的功劳，又害怕国家灭亡，所以才在殽地战斗。我们希望穆公宽免我们的罪过，但穆公不同意，反而亲近楚国来算计我们。老天有眼，楚成王丧了命，穆公侵犯我国的图谋因此没有得逞。穆公和襄公去世，康公和灵公即位。康公是我晋国的外甥，却想削弱我们公室，颠覆我们的国家，率领公子雍回国争位，来扰乱我们的边疆，于是我们才有了令狐之战。康公仍不肯悔改，入侵我们的河曲，攻打我们的涑川，劫掠我们的王宫，夺走我们的羁马，因此我们才有了河曲之战。秦、晋不再友好往来，正是因为康公断绝了同我们的友好关系。

【原文】

　　"及君①之嗣也，我君景公引领西望曰：'庶抚我乎！'君亦不惠称盟，利吾有狄难，入我河县，焚我箕、郜，芟夷②我农功，虔刘③我边陲，我是以有辅氏之聚④。君亦悔祸之延，而欲徼福于先君献、穆，使伯车来，命我景公曰：'吾与女同好弃恶，复修旧德，以追念前勋。'言誓未就，景公即世，我寡君是以有令狐之会。君又不祥，背弃盟誓。白狄及君同州，君之仇雠，而我之昏姻也。君来赐命曰：'吾与女伐狄。'寡君不敢顾昏姻，畏君之威，而受命于吏。君有二心于狄，曰：'晋将伐女。'狄应且憎，是用告我。楚人恶君之二三其德也，亦来告我曰：'秦背令狐之盟，而来求盟于我，昭告昊天上帝、秦三公、楚三王曰：'余虽与晋出入，余唯利是视。'不穀恶其无成德，是用宣之，以惩不壹。'诸侯备闻此言，斯是用痛心疾首，昵就寡人。寡人帅以听命，唯好是求。君若惠顾诸侯，矜哀寡人，而赐之盟，则寡人之愿也。其承宁⑤诸侯以退，岂敢徼乱。君若不施大惠，寡人不佞，其不能以诸侯退矣。敢尽布之执事，俾执事实图利之！'"

【注释】

①君：指秦桓公。
②芟（shān）夷：割除，抢割。
③虔（qián）刘：劫掠，杀戮。
④聚：聚集，这里引申为战争。
⑤承宁：止息，安静。

【译文】

"等到君王即位之后，我们景公伸长脖子望着西边说：'秦国大概会关照我们吧！'但君王还是不肯开恩同我国结盟，却乘我们遇上狄人祸乱之机，入侵我们临河的县邑，焚烧我国箕、郜两地，抢割、毁坏我们的庄稼，屠杀我们的边民，因此我们才有了辅氏之战。君王也后悔两国战争蔓延，因而想向先君献公和穆公求福，派遣伯车来命令我们景公说：'我们和你们相互友好，抛弃怨恨，恢复过去的友谊，以追悼先君的功绩。'盟誓还没有完成，景公就去世了，因此我们的国君才和秦国有了令狐的盟会。君王却又产生了不善之心，背弃盟誓。白狄和秦国同处雍州，是君王的仇敌，却是我们的姻亲。君王赐给我们命令说：'我们和你们一起攻打狄人。'我们国君不敢顾念姻亲之好，因畏惧君王的威严，接受了君王使臣要求我们攻打狄人的命令。但君王却又反复无常，对狄人表示友好，说：'晋国将要攻打你们。'狄人表面上应和，心里却憎恨你们的做法，因此告诉了我们。楚国人同样憎恨君王的反复无常，也来告诉我们说：'秦国背叛了令狐的盟约，而来向我们要求结盟。他们向着皇天上帝、秦国的三位先公和楚国的三位先王宣誓说：'我们虽然和晋国有来往，但我们只关注利益。'我们讨厌他们反复无常，所以把这些事公开，以惩戒那些用心不专一的人。'诸侯们全都听到了这些话，因此对秦国感到痛心疾首，都来和我国亲近。现在我们国君率领诸侯前来听命，完全是为了谋求友好。如果君王肯开恩顾念诸侯们，哀怜我国，与我们缔结盟誓，这就是我国的心愿。我国将安抚诸侯退走，哪里敢自求祸乱呢。如果君王不施行大恩大德，我国不才，恐怕就不能率领诸侯退走了。我谨将全部情况向君王的左右侍从宣布了，请他们仔细权衡利弊吧！"

名师点评

《吕相绝秦》是一篇著名的外交文书，文中历数了秦国对晋国的种种不友好表现，以及晋国为求两国和好而做出的种种努力，进而说明这种种努力是根本没有结果的，以至晋国决定与秦国断绝关系，讨伐秦国。文中虽不乏歪曲事实之处，略显强词夺理，诿过于秦，但言辞犀利，气势逼人，颇能激励人心。《吕相绝秦》作为外交文书，与政论文《过秦论》在思想内容和文体艺术上有相通之处：一是讨伐秦国"不义"之举，史观明确，只不过，这篇是通过回顾秦晋两国交往的历史关系来指责，外交意识强烈，《过秦论》则通过铺陈秦国政策失误的史实来辩驳，论证思维严密；二是都运用大量排比、对偶、四字等句式来组织语言，从正反等多个角度论辩观点，开铺张扬厉文体之先风。

晋楚鄢陵之战

　　郑国兴兵攻打许国，攻进了许都的外城，许国被迫割地求和。许国是楚国的附庸国，郑国的行动自然会引起楚国的干涉。于是，次年楚国就起兵进攻郑国，逼迫郑臣服于楚。叛离晋国后的郑国，仰仗着楚国做后盾，还兴兵攻打宋国。郑国的所作所为，直接违反了诸侯的盟约，并且为楚国势力的北上提供了便利的条件。对此晋国自然不能坐视不管，便决定讨伐郑国。发生在成公十六年的鄢陵之战，是继城濮之战、邲之战之后，晋、楚争霸中的第三次战役，这也是两国军队的主力最后一次会战，在历史上具有重要的意义。鄢陵之战正面描写并不详细，而是写了几件影响成败的相关人事，如范文子不欲战、晋军不患战、楚子望晋军、栾铖搞子重、子反醉酒、楚王宵遁等，对人物刻画很有帮助。

【原文】

　　五月，晋师济河。闻楚师将至，范文子欲反，曰："我伪①逃楚，可以纾忧。夫合诸侯，非吾所能也，以遗能者。我若群臣辑睦②以事君，多矣。"武子曰："不可。"

　　六月，晋、楚遇于鄢陵③。范文子不欲战，郤至曰："韩之战，惠公不振旅④；箕之役，先轸不反命⑤；邲⑥之师，荀伯不复从⑦。皆晋之耻也。子亦见先君之事矣。今我辟楚，又益耻也。"文子曰：
"吾先君之亟⑧战也，有故。秦、狄、齐、楚皆强，不尽力，子孙将
弱。今三强服矣，敌楚而已。唯圣人能外内无患，自⑨非圣人，外宁
必有内忧。盍释楚以为外惧乎？"

【注释】

① 伪：假装。

② 辑睦：和睦。

③ 鄢陵：郑国地名，在今河南鄢陵。

④ 不振旅：不能整顿军队而回，意思为战败。

⑤ 不反命：不能回国复君命。因为先轸在此役中战死。

⑥ 郯（bì）：郑国地名，在今河南荥阳北。

⑦ 不复从：不能从原路退兵，即战败逃跑。

⑧ 亟：多次。

⑨ 自：如果。

【译文】

鲁成公十六年五月，晋军渡过黄河。听说楚军将要到达，范文子准
备回去，说："我们假装逃避楚国，这样就能缓和忧患。会合诸侯，不
是我所能做到的，还是把它留给能做到的人吧。我们群臣和睦以侍奉国
君，这就够了。"栾武子说："不行。"

夏六月，晋国军队和楚国军队在鄢陵相遇。范文子不想同楚军交
战，郤至说："秦、晋韩原之战，惠公未能整军而归；晋、狄箕之战，
主帅先轸不能回来复命；晋、楚郯之战，荀伯兵败溃逃。这都是晋国的
耻辱。您也了解先君时代的情况了。如今我们逃避楚国，这又在增加耻
辱。"范文子说："我们先君屡次作战，是有原因的。秦国、狄人、齐国、

楚国都很强大，如果我们不尽自己的力量，子孙将会被削弱。现在齐、秦、狄三个强劲对手已经顺服，敌人仅楚国而已。只有圣人才能做到外部和内部都没有祸患，若不是圣人，外部安定，内部必然还有忧患。何不暂时放开楚国不管而把它作为外患，以缓和国内矛盾呢？"

【原文】

甲午晦①，楚晨压晋军而陈。军吏患之。范匄②趋进，曰："塞③井夷灶，陈于军中，而疏行首④。晋、楚唯天所授，何患焉？"文子执戈逐之，曰："国之存亡，天也。童子何知焉？"栾书曰："楚师轻窕⑤，固垒而待之，三日必退。退而击之，必获胜焉。"郤至曰："楚有六间⑥，不可失也：其二卿⑦相恶；王卒以旧⑧；郑陈而不整；蛮军⑨而不陈；陈不违晦⑩；在陈而嚣⑪，合而加嚣，各顾其后，莫有斗心。旧不必良，以犯天忌⑫，我必克之。"

【注释】

①晦：农历每月的最后一天。

②范匄（gài）：范文子士燮（xiè）的儿子，又称范宣子。

③塞：填。

④行首：行道。

⑤轻窕：轻佻。指军心浮动急躁。

⑥间：间隙，空子。

⑦二卿：指子重和子反。

⑧王卒以旧：楚王的亲兵都用旧家贵族子弟。

⑨蛮军：指楚国带来的南方少数民族军队。

⑩违晦：避开晦日。古人认为月末那天不宜布阵作战。

⑪嚣：喧哗。

⑫犯天忌：触犯上天所禁忌之事，指晦日用兵。

【译文】

甲午这天正是晦日，楚军在清早逼近晋军而拉开阵势。晋国的军吏对此极为担心。范匄快步向前，说："填平水井，铲平灶台，就在军营中摆开阵势，把行列间的道路隔宽。晋、楚两国都是上天眷顾的，有什么可担心的？"范文子拿起戈来驱逐他，说："国家的存亡，是天意所为。小孩子知道什么？"栾书说："楚军轻佻，我们坚守营垒而等待他们，三天内楚国一定撤军。乘他们退走而加以追击，一定可以得胜。"郤至说："楚国有六个空子可乘，不可错过：楚国的两个统帅互相排斥；楚共王的亲兵们多从旧家中选拔，都已衰老；郑国虽然摆开阵势但军容不整；蛮人虽已成军却摆不成阵势；楚军摆阵不避开晦日；他们的士兵在阵中喧闹，各阵式相合之后就更加喧闹，各军彼此观望，没有战斗意志。旧家出身的士兵不一定精良，以上这些都触犯了天意和兵家大忌。我们一定能战胜他们。"

【原文】

楚子登巢车①以望晋军，子重使大宰伯州犁②侍于王后。王曰："骋而左右，何也？"曰："召军吏也。""皆聚于军中矣。"曰："合谋也。""张幕矣。"曰："虔卜于先君也。""彻幕矣。"曰："将发命也。""甚嚣，且尘上矣。"曰："将塞井夷灶而为行也。""皆乘矣，左右执兵而下矣。"曰："听誓也。""战乎？"曰："未可知也。""乘而左右皆下矣。"曰："战祷也。"伯州犁以公卒告王。苗贲皇③在晋侯之侧，亦以王卒告。皆曰："国士④在，且厚⑤，不可当也。"苗贲皇言于晋侯曰："楚之良，在其中军王族而已。请分良以击其左右，而三军萃⑥于王卒，必大败之。"

【注释】

①巢车：古代的一种兵车，用以瞭望敌军。车上有用辘轳升降的瞭望台，人在台中，如鸟在巢，故名。

②伯州犁：晋国大夫伯宗的儿子，伯宗死后他逃到楚国当了太宰。

③苗贲皇：楚国令尹斗椒的儿子，逃奔晋国。

④国士：国家的杰出人物。

⑤厚：指军队人数众多。

⑥萃：集中。

【译文】

楚共王登上巢车观望晋军的动静，子重派太宰伯州犁在楚王后面陪着。楚王问道："晋军正驾着兵车左右奔跑，这是怎么回事？"伯州犁回答说："是召集军官。"楚王说："那些人都到中军集合了。"伯州犁说："这是在开会商量。"楚王说："搭起帐幕了。"伯州犁说："这是晋军在虔诚地向先君卜吉凶。"楚王说："撤去帐幕了。"伯州犁说："这是快要发布命令了。"楚王说："非常喧闹，而且尘土飞扬起来了。"伯州犁说："这是准备填井平灶，摆开阵势。"楚王说："都登上战车了，左右两边的人又拿着武器下车了。"伯州犁说："这是听取主帅发布誓师令。"楚王问道："要开战了吗？"伯州犁回答说："还不知道。"楚王说："又上了战车，左右两边的人又都下来了。"伯州犁说："这是战前向神祈祷。"伯州犁把晋侯亲兵的情况告诉楚共王。苗贲皇在晋厉公身旁，也把楚共王亲兵的情况告诉了晋厉公。晋厉公左右的将士都说："楚军那里有国家的杰出人物在，而且军队人数众多，不可抵挡。"苗贲皇对晋厉公说："楚国的精锐部队不过是中军里那些楚王的亲兵罢了。请把我们的精兵分出一些来攻击楚国的左右军，再集中三军攻打楚王的亲兵，一定能把他们打得大败。"

【原文】

楚师薄①于险，叔山冉谓养由基曰："虽君有命，为国故，子必射。"乃射。再发，尽殪②。叔山冉搏③人以投，中④车，折轼。晋师乃止，囚楚公子茷。

栾铖见子重之旌，请曰："楚人谓：'夫旌，子重之麾⑤也。'彼其子重也。日臣之使于楚也，子重问晋国之勇。臣对曰：'好以众整。'曰：'又如何？'臣对曰：'好以暇⑥。'今两国治戎，行人不使，不可谓整；临事而食言，不可谓暇。请摄饮焉。"公许之，使行人执榼⑦承饮，造于子重，曰："寡君乏使，使铖御持矛，是以不得犒从者，使某摄饮。"子重曰："夫子尝与吾言于楚，必是故也。不亦识乎？"受而饮之。免使者而复鼓。

【注释】

①薄：逼。

②殪（yì）：死。

③搏：捕捉，抓住。

④中：投中。

⑤麾：古代供指挥用的旌旗。

⑥暇：悠闲，这里指作战时从容不迫。

⑦榼（kē）：盛酒的器具。

【译文】

楚军被逼进险地，叔山冉对养由基说："虽然国君有命令禁止你射箭，但为了国家，您一定要射箭。"养由基就射向晋军。他连发两箭，被射的人都中箭死了。叔山冉抓住晋国士卒向晋军投掷过去，掷中战车，折断了车前的横木，于是停下来，抓获囚禁了楚国的公子茷。

栾鍼见到子重的旌旗，请求说："楚国人说：'那面旌旗是子重的旗号。'他恐怕就是子重了。当初下臣出使到楚国，子重问起晋国的勇武表现在哪里。下臣回答说：'他们喜欢用军容整肃的面貌去打仗。'子重说：'还有什么？'下臣回答说：'作战时从容不迫。'现在两国兴兵，不派遣使者，不能说是军容严整；临到事情而不讲信用，不能说是从容不迫。请君王派人替我给子重进酒。"晋厉公答应了，派遣使者拿着酒器奉酒，到了子重那里，说："我们国君缺乏使者，让栾鍼执矛侍立在他左右，因此不能犒赏您的从者，派我前来代他送酒。"子重说："那个人曾经跟我在楚国说过一番话，送酒来一定是这个缘故。他还记得这件事啊？"于是受酒而饮。他没有为难使者，又重新击鼓。

【原文】

旦而战，见星未已。子反命军吏察夷①伤，补卒乘，缮甲兵，展车马，鸡鸣而食，唯命是听。晋人患之。苗贲皇徇曰："蒐乘补卒，秣马利兵，修陈固列，蓐②食申祷，明日复战。"乃逸③楚囚。王闻之，召子反谋。穀阳竖献饮于子反，子反醉而不能见。王曰："天败楚也夫！余不可以待。"乃宵遁④。

【注释】

①夷：通"痍"，创伤。

②蓐（rù）食：厚食。战前让士卒饱餐。

③逸：放，放走。

④宵遁：在夜里逃跑。

【译文】

　　早晨开始作战，直至天黑见到星星还没有结束。子反叫军官视察伤情，补充步兵骑兵，修理盔甲武器，摆列战车马匹，鸡叫的时候吃饭，一心听从主帅的命令。晋国因此担心。苗贲皇通告全军说："检阅战车，补充士卒，喂好马匹，磨快武器，整顿军阵，巩固行列，饱餐一顿，再次祷告，明天再战。"于是晋军故意放走楚国的俘虏。楚共王听到这些情况，召子反一起商量。因为穀阳竖献酒给子反，所以子反喝醉了不能进见。楚共王说："这是上天要让楚国失败啊！我不能等了。"于是在夜里逃走了。

点师名评

　　鄢陵之战，晋国取得胜利，再次称霸中原。虽然如此，晋国的大臣中有人认为"外宁必有内忧"，但晋国大多数臣子都没有意识到这一点。而历史证明，晋国在鄢陵之战之后确实开始内乱不断，最终导致了赵、魏、韩三家分晋的局面。选文中楚共王"登巢车以望晋军"一节使用了新闻"现场报道"的限知视角来书写，生动有趣。在楚共王与伯州犁的一问一答中，反映出晋军备战有条不紊，能够战胜楚国乃是理所当然。《左传》依据事件性质，从不同角度描述史事，且上下、前后呼应，虽为编年记录，却能完整呈现史事的过程与因果关系，让读者明白事件的来龙去脉。

延伸/阅读

养由基

　　春秋时期楚国将领，中国古代著名的神射手。养由基本是养国人，后成为楚国大夫。据《战国策·西周策》记载："楚有养由基者，善射，去柳叶者百步而射之，百发百中。"百发百中、百步穿杨等成语都出于此。他也被称为"养一箭"。楚共王十六年（公元前575年）鄢陵之战，战前他和潘党试射，一发射穿七层战甲。战时晋将魏锜射中楚共王目，王命回射，他一箭射死魏锜。后又连射连中，阻止了晋军的追击。三十一年，共王卒，吴乘机攻楚，养由基设计大败吴师。

学海/拾贝

☆ 吾与女同好弃恶，复修旧德，以追念前勋。

☆ 今两国治戎，行人不使，不可谓整；临事而食言，不可谓暇。

祁奚举贤

名师导读

　　襄公三年，本为中军尉的晋国大夫祁奚，因年纪老迈，欲退隐归田，于是悼公向他咨询谁可接替他的职务，他就推荐了自己的宿仇解狐，后又推荐了自己的亲人和朋友。祁奚之所以这样做，是因为他是以"是否胜任"为推荐标准。此段在写祁奚举贤之前，还写了士匄乞盟于齐这件事，说明晋国具有较大影响力，齐国不得不屈从。

【原文】

　　晋为郑服故，且欲修吴好，将合诸侯。使士匄告于齐曰："寡君使匄，以岁之不易①，不虞之不戒，寡君愿与一二兄弟相见，以谋不协。请君临之，使匄乞盟。"齐侯欲勿许，而难为不协，乃盟于耏②外。

　　祁奚请老③，晋侯问嗣④焉。称解狐⑤，其仇也，将立之而卒。又问焉，对曰："午⑥也可。"于是羊舌职⑦死矣，晋侯曰："孰⑧可以代之？"对曰："赤⑨也可。"于是使祁午为中军尉，羊舌赤佐之。

　　君子谓："祁奚于是能举善⑩矣。称其仇，不为谄⑪；立其子，不为比^⑫；举其偏，不为党^⑬。《商书》曰：'无偏无党，王道荡荡。'其祁奚之谓矣！解狐得举，祁午得位，伯华得官，建一官而三物成，能举善也夫！唯善，故能举其类。《诗》云：'惟其有之，是以似之。'祁奚有焉。"

扫码看视频

【注释】

①易：平，治。

②洏（ér）：洏水，即时水，在今山东淄博。

③请老：告老，请求退休。

④嗣：指接替职位的人。

⑤解狐：晋国的大臣。

⑥午：祁午，祁奚的儿子。

⑦羊舌职：姓羊舌，名职，晋国的大臣，当时任中军尉佐。

⑧孰：谁。

⑨赤：羊舌赤，字伯华，羊舌职的儿子。

⑩善：指贤能的人。

⑪谄：谄媚，讨好。

⑫比：偏爱，袒护。

⑬党：勾结。

【译文】

　　晋国因为郑国已经顺服，又想要和吴国修好，就打算会合诸侯。派遣士匄告知齐国说："我们国君派我前来，是因为近年来各国还不平定，对意外情况又没有戒备，我们国君愿意和几位兄弟国家的国君相见，来共同商讨解决彼此间的不和睦。请求君王参加，派我来请求结盟。"齐灵公不想答应，但又不好表示不和，就在洏水外结盟。

祁奚请求告老退休，晋悼公向他询问接替他中军尉职务的人。祁奚推举解狐，解狐是他的仇人。晋悼公要立解狐为中军尉，解狐却死了。晋悼公又问他，祁奚回答说："祁午可以任中军尉。"这时羊舌职也死了，晋悼公问祁奚："谁可以接替羊舌职的职位？"祁奚回答说："羊舌赤可以。"于是，晋悼公让祁午做了中军尉，让羊舌赤辅佐他。

君子认为："祁奚在这件事情上能够推举贤人。推荐他的仇人而不谄媚，推立他的儿子而不偏袒，推举他的下属而不为勾结。《商书》说：'既不偏私又不结党，君王之道浩浩荡荡。'这说的就是祁奚啊！解狐得到荐举，祁午得到禄位，羊舌赤得到官位，立一个中军尉的官而成全三件事，这是能够推举贤人的缘故啊！只有贤人，才能推举和他一样的贤人。《诗》说：'正因为他具有美德，所推举的人才会和他相似。'祁奚就是这样的人。"

点评名师

本文为我们形象地刻画了一个胸怀坦荡、公正无私的君子形象。祁奚在举荐人才的时候，不避亲人或仇人，推荐的标准只论德行与才能。这样的人古往今来实在是太少了。正是因为稀少，大多数人做不到，祁奚才会成了榜样，才更值得我们称赞。晋国之所以能够长时间保持强盛，与其内部有一大批贤臣良将为国效力是分不开的。

师旷谓晋悼公

名师导读

　　师旷的议论，是针对卫国百姓驱逐了暴虐无道的卫献公而发的。卫国百姓驱逐卫献公，可以说是"水可覆舟"的一个事例。师旷从"良君将赏善而刑淫，养民如子，盖之如天，容之如地。民奉其君，爱之如父母，仰之如日月，敬之如神明，畏之如雷霆"说起，说到"天之爱民甚矣"，深入而深刻。《左传》在记录列国争地盟约的战争中，插入这一段论君民关系的言辞，可谓给战争灾难阴霾下无身份、无声音的百姓带来一线生机，实为难得。此事发生于襄公十四年。

【原文】

　　师旷①侍于晋侯②。晋侯曰："卫人出③其君，不亦甚乎？"对曰："或者其君实甚。良君将赏善而刑淫，养民如子，盖之如天，容之如地。民奉其君，爱之如父母，仰之如日月，敬之如神明，畏之如雷霆，其可出乎？夫君，神之主而民之望也。若困民之主，匮④神乏祀，百姓绝望，社稷无主，将安用之？弗去何为？天生民而立之君，使司牧⑤之，勿使失性。有君而为之贰⑥，使师保⑦之，勿使过度。是故天子有公⑧，诸侯有卿⑨，卿置侧室⑩，大夫有贰宗⑪，士有朋友⑫，

扫码看视频

庶人、工、商、皂、隶、牧、圉^⑬皆有亲昵，以相辅佐也。善则赏之，过则匡之，患则救之，失则革^⑭之。自王以下，各有父兄子弟以补察其政。史为书^⑮，瞽^⑯为诗，工诵箴谏^⑰，大夫规诲^⑱，士传言^⑲，庶人谤^⑳，商旅于市^㉑，百工^㉒献艺。故《夏书》^㉓曰：'遒人以木铎徇^㉔于路。官师^㉕相规，工执艺事以谏。'正月孟春^㉖，于是乎有之^㉗，谏失常^㉘也。天之爱民甚矣，岂其使一人肆^㉙于民上，以从^㉚其淫，而弃天地之性？必不然矣。"

【注释】

①师旷：春秋时晋国乐师，字子野。目盲，善弹琴。

②晋侯：指晋悼公。

③出：驱逐。

④匮：缺乏。

⑤司牧：统治，治理。

⑥贰：辅佐大臣。

⑦师保：教导保护。

⑧公：仅次于天子的最高爵位。

⑨卿：诸侯的执政大臣。

⑩侧室：庶子。这里指侧室之官。

⑪贰宗：官名，由大夫的宗室子弟担任。

⑫朋友：指同宗或同门。

⑬圉：养马的奴隶。

⑭革：改。

⑮为书：记录国君的言行。

⑯瞽（gǔ）：目盲，失明。乐师、乐官的代称。古以盲者为乐官，因以为之代称。

⑰箴谏：用来规劝讽谏的文辞。

⑱规诲：规劝开导。

⑲传言：传话。

⑳谤：公开议论。

㉑市：指在市场上议论。

㉒百工：各种工匠，手艺人。

㉓《夏书》：《尚书》组成部分之一。以下引文见于《古文尚书·胤征》。

㉔徇：巡行宣令。

㉕官师：官员。

㉖孟春：春季的首月，即农历正月。

㉗有之：指有道人宣令。

㉘失常：丢掉常规。

㉙肆：放肆，放纵。

㉚从：放纵。

【译文】

师旷随侍在晋悼公身边。晋悼公说："卫国人驱逐了他们的国君，这不是太过分了吗？"师旷回答说："也许是他们的国君确实太过分了。贤明的国君要奖赏良善而惩罚邪恶，像抚育儿女一样抚育百姓，像上天一样保护他们，像大地一样容纳他们。那么民众也会侍奉他们的国君，热爱他像热爱父母一样，敬仰他像对日月一样，崇敬他像对神明一样，畏惧他像对雷霆一样，难道能把他驱逐出去吗？国君是祭神的主持者，是民众的希望。如果使民众的生计困乏，神明失去祭祀者，老百姓断绝希望，国家失去主人，哪里还用得着他？不驱逐他干什么？上天生了百姓并为他们立了国君，让国君治理他们，不让他们丧失天性。有了国君又替他设置了辅佐的人，让他们教导保护他，不让他越过法度。所以天子有公，诸侯有卿，卿设置侧室，大夫有贰宗，士有宗亲或同门，平民、工匠、商人、差役、奴仆、养牛人和养马人也都有亲近的人，以便互相帮助。做善事就赞扬，有过错就纠正，有患难就救援，有过失就更改。从天子以下，人们各自有父兄子弟来观察和补救他们行事上的得失。太史记录国君的言行，乐师创作讽谏的诗歌，乐工吟诵规谏的文辞，大夫规劝开导，士人传话，平民指责，商人在市场上议论，各种工匠呈献技艺。所以《夏书》说：'宣令官摇着木铎在路上巡行宣令。官员们进行规劝，工匠呈献技艺当作劝谏。"正月孟春时就有宣令官沿路宣令，是为了让人劝谏君王失去常规的行为。上天十分爱护百姓，难道会让一个人在百姓头上任意妄为，因放纵其淫乱而背弃天地的本性吗？一定不会这样的。"

名师点评

古时传统思想向来都认为国君比百姓高贵，人生而有高低贵贱之分，这实际上是为少数人在多数人头上作威作福提供了理论依据。师旷所提出的"民贵君轻"把传统的观念颠倒过来了，强调以民为本，要为民众着想，这实是乱世之中的一线光明。师旷此番论说，除了开明的君民观值得赞赏之外，其文学价值也足可称道：联合运用排比与对偶、反问的修辞手法，更能增强其理论色彩；举例连类，增强其权威性、可信性；铺陈事理，一气呵成，气势连贯。

蔡声子论晋用楚材

名师导读

伍举本是楚国的大臣，因受人中伤，只得逃亡到了郑国，之后又打算逃到晋国去。蔡国大臣声子是伍举的知己好友，于是他来见楚国令尹子木，想为伍举游说。蔡声子从晋、楚两国争霸的角度切入，列举了楚国多次战败皆是败在逃亡到晋国的楚人手上，指出假如让伍举再逃亡到晋国会对楚国更为不利，最终使流亡在外的伍举能够回国。是时为襄公二十六年，文章以补叙的手法交代蔡声子救伍举的经过。

【原文】

初，楚伍参与蔡太师子朝①友，其子伍举与声子②相善也。伍举娶于王子牟③，王子牟为申公而亡，楚人曰："伍举实送之。"伍举奔郑，将遂奔晋。声子将如晋，遇之于郑郊，班④荆相与食，而言复故⑤。声子曰："子行也！吾必复子。"

及宋向戌将平⑥晋、楚，声子通使于晋，还如楚。令尹子木⑦与之语，问晋故焉，且曰："晋大夫与楚孰贤？"对曰："晋卿不如楚，其大夫则贤，皆卿材也。如杞、梓⑧、皮革，自楚往也。虽楚有材，晋实用之。"子木曰："夫独无族姻⑨乎？"对曰："虽有，而用楚材实多。归生闻之：'善为国者，赏不僭而刑不滥⑩。'赏僭，则惧及淫人；刑滥，则惧及善人。若不幸而过，宁僭，无滥。与其失善，宁其利淫。无善人，则国从之。《诗》曰：'人之云亡，邦国殄瘁。'无善人之谓也。故《夏书》曰：'与其杀不辜，宁失不经。'⑪惧失善也。《商颂》有之曰：'不僭不滥，不敢怠皇，命于下国，封建厥福。'⑫此汤所以获天福也。古之治民者，劝赏而畏刑，恤民⑬不倦。赏以春夏，刑以秋冬。是以将赏，为之加膳，加膳则饫赐⑭，此以知其劝赏也。将刑，为之不举⑮，不举则彻乐⑯，此以知其畏刑也。夙兴夜寐⑰，朝夕临政，此以知其恤民也。三者，礼之大节也。有礼无败。今楚多淫刑，其大夫逃死于四方，而为之谋主⑱，以害楚国，不可救疗，所谓不能⑲也。子仪之乱，析公⑳奔晋。晋人置诸戎车之殿㉑，以为谋主。绕角之役㉒，晋将遁矣，析公曰：'楚师轻窕，易震荡也。若多鼓钧声㉓，以夜军㉔之，楚师必遁。'晋人从之，楚师宵溃。晋遂侵蔡，袭沈，获其君㉕，败申、息之师于桑隧，获申丽㉖而还。郑于是不敢南面㉗。楚失华夏，则析公之为也。雍子之父兄谮㉘雍子，君与大夫不善是㉙也，雍子奔晋。晋人与之鄐㉚，以为谋主。彭城㉛之役，晋、楚遇于靡角之谷㉜。晋将遁矣，雍子发命于军曰：'归老幼，反孤疾，二人役，归一人。简兵蒐乘，秣马蓐食，师陈焚次㉝，明日将战。'行归者，而逸楚囚。楚师宵溃，晋降彭城而归诸宋，以鱼石㉞归。楚失东夷㉟，子辛㊱死之，则雍子之为也。子反与子灵争夏姬，而雍害其事，子灵奔晋。晋人与之邢，以为谋主。扞御北狄，通吴于晋，教吴叛楚，教之乘车、射御、驱侵，使其子狐庸为吴行人焉。吴于是伐巢、取驾、克棘㊲、入州来。楚罢㊳于奔命，至今为患，则子灵之为也。若敖之乱，伯贲之子贲皇奔晋。晋人与之苗，以为谋主。鄢陵之役，楚晨压晋军而陈。晋将遁矣。苗贲皇曰：'楚师之良在其中军王族而已，若塞井夷灶，成陈以当之，栾、范易行以诱之，中行[㊊]、二郤^㊶必克二穆^㊷。吾乃四萃于其王族，必大败之。'晋人从之，楚师大败，王夷师熸^㊸，子反死之。郑叛、吴兴，楚失诸侯，则苗贲皇之为也。"子木曰："是皆然矣。"声子曰："今又有甚于此。椒举娶于申公子牟，子牟得戾^㊹而亡，君大夫谓椒举：'女实遣之。'惧而奔郑，引领南望，曰：'庶几赦余。'亦弗图也。今在晋矣，晋人将与之县，以比叔向。彼若谋害楚国，岂不为患？"子木惧，言诸王，益其禄爵而复之。声子使椒鸣逆之。

【注释】

① 子朝：公子朝，蔡文公的儿子，为蔡国太师。

② 声子：子朝的儿子。

③ 王子牟：楚国公子，因为他曾为申公，故又称申公子牟。

④ 班：铺，垫。

⑤ 复故：重返楚国的事。

⑥ 平：讲和。

⑦ 子木：屈建，楚国令尹。

⑧ 杞、梓：楚国出产的两种优质木材。

⑨ 族姻：同族子弟和有婚姻关系的人。

⑩ 滥：过度，无节制。

⑪ "故《夏书》曰"句：见于《古文尚书·大禹谟》。不经，不守常法的人。

⑫ "《商颂》有之曰"句：出自《诗·商颂·殷武》。怠，懈怠。皇，今《诗经》作"遑"，意思是闲暇，指偷闲。封，大。

⑬ 恤民：忧民。

⑭ 饫（yù）赐：饱餐之后把多余的酒菜赐给臣下。

⑮举：丰富粮食，兼以乐助食。

⑯彻乐：撤去音乐。

⑰夙兴夜寐：早起晚睡。形容勤奋不懈。

⑱谋主：主要谋士，主要策划者。

⑲不能：指不能任用贤人。

⑳析公：楚国大臣。

㉑殿：后。

㉒绕角之役：成公六年，晋栾书救郑，与楚师遇于绕角。绕角，蔡国地名，在今河南鲁山东。

㉓钧声：相同的声音。

㉔军：进攻。

㉕君：指沈国国君沈子揖初。

㉖申丽：楚国大夫。

㉗不敢南面：不敢从楚。楚在郑南，故云南面。

㉘谮：中伤，诬陷。

㉙不善是：不喜欢这个人。

㉚郤（chù）：晋国邑名。

㉛彭城：宋国邑名，在今江苏徐州。

㉜靡角之谷：宋国地名，在彭城附近。

㉝次：营帐。

㉞鱼石：逃到楚国的宋国大臣。

㉟东夷：亲楚国的东方小国。

㊱子辛：楚国令尹，被楚共王杀掉。

㊲棘：楚国邑名，在今河南永城南。

㊳罢：同"疲"。

㊴中行：指荀偃，当时佐上军。

㊵二郤：指郤锜、郤至。当时郤锜将上军，郤至佐新军。

㊶二穆：指楚国左军统帅子重和右军统帅子辛，两人都是楚穆王的后代。

㊷熸（jiān）：火熄灭。引申为军队溃败。

㊸戾：罪。

【译文】

当初，楚国的伍参与蔡国太师子朝交好，伍参的儿子伍举也与子朝的儿子声子交好。伍举娶了王子牟的女儿做妻子，王子牟当申邑长官后获罪逃亡。楚国人说："伍举一定护送过他。"伍举逃亡到了郑国，打算再逃亡到晋国。声子要到晋国去，他在郑国都城的郊外碰到了伍举，两个人把荆草铺在地上坐着一起吃东西，谈到了伍举回楚国的事。声子说："您走吧！我一定会让您回到楚国。"

宋国的向戌来调解晋国和楚国的关系时，声子到晋国去当使节，回来后去了楚国。楚国令尹子木同声子谈话，问起晋国的事，并且问道："晋国的大夫和楚国的大夫比，谁更贤明？"声子回答说："晋国的卿比不上楚国，但是晋的大夫却很贤明，都是做卿的人才。正像杞木、梓木和皮革，全是从楚国运去的。虽然楚国有人才，但实际上却是晋国在任用他们。"子木说："难道晋国没有同族和姻亲当大夫的吗？"声子回答说："虽然有，但是任用的楚国人才的确很多。我听说过：'善于治理国家的人，赏赐不过分，刑罚不滥用。'赏赐太过分，就担心会赏赐到坏人头上；滥用刑罚，则担心会惩罚到好人。如果不幸超过了限度，也宁愿赏赐过头，而不要滥用刑罚。与其失去好人，还不如有利于坏人。没有好人，国家会跟着遭殃。《诗·大雅·瞻卬》中说：'贤能的人没有了，国家就将遭受危难。'这话说的就是国家没有好人所造成的危害。所以《夏书》上说：'与其杀害无辜的人，宁可放过犯罪的人。'这是担心会失去好人。《诗·商颂·殷武》中说：'不越级封赏，不滥用刑罚，不懈怠偷闲，向下国发布命令，大力建树福和禄。'这就是商汤获得上天赐福的原因。古代治理百姓的人，乐于赏赐而惧怕用刑，为百姓忧心而不知疲倦。赏赐在春天和夏天进行，刑罚在秋天和冬天进行。因此，在将要行赏时要加餐，加餐后把多余的酒菜赐给奔命的臣下，从这里可以知道他乐于赏赐。将要用刑时则要减餐，减餐时要撤去进餐时的音乐，从这里可以知道他惧怕用刑。早起晚睡，早晚亲自上朝处理政事，从这里就可以知道他为百姓忧心。乐于赏赐、惧怕用刑、为百姓分忧这三件事，是礼仪的大节。有了礼仪就不会失败。现在楚国经常滥用刑罚，楚国大夫逃亡到四周的国家，成了那些国家的主要谋士，危害楚国，以致无法挽救，这说的就是楚国不能任用贤人的后果。当年子仪叛乱，析公受牵连而逃到了晋国。晋国人把他安排在国君的战车后面，让他当谋士。绕角一战，晋军准备逃跑，析公却说：'楚军轻浮急躁，容易被动摇。如果多处同时发出击鼓声，趁夜色发动进攻，楚军一定会逃走。'晋国人听从了析公的话，楚军果然在夜里溃败了。晋国接着侵袭蔡国，偷袭沈国，俘获了沈国国君，在桑隧击败了申、息两地的楚军，抓住了楚国大夫申丽后回国。郑国从此不敢服从他南面的楚国。楚国失去了中原诸侯的亲附，这都是析公的作为。雍子的父亲和哥哥诬陷雍子，国君和大夫也不喜欢雍子，雍子就逃亡到了晋国。晋国人把鄐邑封给他，让他当谋士。彭城一战，晋军和楚军在靡角之谷相遇。晋军准备逃走，雍子却向军队发布命令说：'年老的和年幼的人回去，孤儿和有病的人回去，一家有两人参战的回去一人。精选兵士，检阅兵车，喂饱战马，饱餐一顿，摆开阵势，烧掉营帐，明天决战。'晋军让该回家的人走了，又故意放走楚军战俘。结果楚军夜里溃败了，晋军降服了彭城，把它还给了宋国，带着俘获的鱼石回国。楚国失去东方诸国的亲附，子辛也因此被杀，这都是雍子的作为。子反和子灵争夺夏姬，破坏了子灵的婚事，子灵逃到了晋国。晋国人把邢邑封给他，让他当谋士。他抵御北狄，使吴国和晋国通好，教吴国背叛楚国，教吴国人乘战车、射箭、驱车进攻，晋国人还派他的儿子狐庸担任吴国的使者。吴国在那时攻打巢地，夺取驾地，攻克棘地，侵入州来，楚国疲于奔命，到现在吴国还是楚国的祸患，这都是子灵的作为。若敖氏叛乱，伯贲的儿子贲皇逃亡到晋国。晋国人把苗地封给他，让他当谋士。鄢陵之战，楚军早晨逼近晋军并摆出阵势。晋军打算逃走。苗贲皇说：'楚军的精锐部队只是中军的王室亲兵，如果填井平灶，摆开阵势抵抗他们，栾书、士燮两军简易行军，用家兵引诱楚军，荀偃和郤锜、郤至一定能战胜子重和子辛，我们再集中兵力从四面进攻他们的亲兵，必定会把他们打得大败。'晋国人听从了苗贲皇的话，楚军大败，楚王受伤，军队溃散，子反也死了。郑国叛离，吴国兴起，楚国失去了诸侯的亲附，这都是苗贲皇的作为。"子木说："这些都说对了。"声子说："现在还有比这些更厉害的。椒举娶了申公王子牟的女儿做妻子，子牟获罪逃亡，国君和大夫们对椒举说：'确实是你让他走的。'椒举因为害怕逃到了郑国，他伸长脖子望着南面，说：'但愿能赦免我。'但是楚国并没有这个打算。现在伍举在晋国，晋国人准备封给他县邑。使他的爵禄可以和叔向相比。如果他来策划危害楚国，难道不会成为祸患吗？"子木感到害怕，对楚王说了这些话，楚王增加了椒举的爵禄并让他回到楚国。声子让椒鸣去迎接椒举。

名师点评

　　蔡声子所举人物苗贲皇在鄢陵之战的事迹，又见于《左传》成公十六年，所述人物事件有出入。同一部史书在不同的地方出现同一人物或事件，被称为"互见"。司马迁在《史记》中，将这种写作手法进行了创新，并定型，即将一个人的事迹分散在不同的地方，而以其本传为主；或将同一件事分散在不同的地方，而以一个地方的叙述为主。首见于《左传》、成熟于《史记》的这种互见法，既使其有史学的可信性，又有文学的可读性。

例如，《项羽本纪》集中笔墨突出项羽英勇善战的主要特点，而由其性格弱点造成的政治、军事上的错误，则散见于《高祖本纪》《淮阴侯列传》《陈丞相世家》诸篇。同样，刘邦身上那些无赖、残忍以及过河拆桥等有损帝王声誉的事迹不写进《高祖本纪》中，而分散于《项羽本纪》《刘敬叔孙通列传》《佞幸列传》诸篇。

延伸/阅读

椒 举

春秋楚大夫伍举，因邑于椒，以邑为姓，又称椒举。楚国大夫伍参之子，椒鸣、伍奢之父，伍子胥之祖父。曾任楚庄王时期负责军事兵员管理夫人武职右司马。春秋时，楚国椒举与声子友善。椒举逃亡至郑国，打算去晋国，在郑郊遇到也打算去晋国的声子，便"班荆相与食，而言复故"。后遂以"椒举班荆"为思念故国友人之典。据《史记》载，楚庄王即位三年，不理政事，且不准进谏。伍举以隐语谏曰："有鸟在于阜，三年不蜚（飞）不鸣，是何鸟也？"庄王曰："三年不蜚（飞），蜚（飞）将冲天；三年不鸣，鸣将惊人。"成语"不鸣则已，一鸣惊人"之典故即源于此。

学海/拾贝

☆ 良君将赏善而刑淫，养民如子，盖之如天，容之如地。民奉其君，爱之如父母，仰之如日月，敬之如神明，畏之如雷霆，其可出乎？

☆ 不僭不滥，不敢怠皇，命于下国，封建厥福。

卷十 昭公

子产却楚逆女以兵

　　昭公元年，楚国公子围访问郑国，欲借机偷袭郑国。然而郑国早有防备，对楚国的包藏祸心深恶痛绝，只让他们居住在城外。访问仪式结束，楚国又打着迎娶丰氏女的旗号率军进城，不料其阴谋被郑国上下识破，郑国以"敝邑褊小"婉言推辞。公子围只好听从郑国的安排，楚国军士都将箭袋倒挂，以表示没有侵略之心，才得以进入郑国娶亲。

【原文】

　　元年春，楚公子围聘于郑，且娶于公孙段氏。伍举为介。将入馆，郑人恶之，使行人子羽与之言，乃馆于外。既聘，将以众逆。子产患之，使子羽辞，曰："以敝邑褊①小，不足以容从者，请墠②听命。"令尹命大宰伯州犁对曰："君辱贶③寡大夫围，谓围将使丰氏抚有而室。围布④几筵，告于庄、共之庙而来。若野赐之，是委君贶于草莽也，是寡大夫不得列于诸卿也。不宁唯是，又使围蒙其先君⑤，将不得为寡君老⑥，其蔑以复矣。唯大夫图之。"子羽曰："小国无罪，恃实其罪。将恃大国之安靖己，而无乃包藏祸心以图之。小国失恃，而惩⑦诸侯，使莫不憾者，距违君命，而有所壅塞不行是惧。不然，敝邑，馆人⑧之属也，其敢爱丰氏之祧？"伍举知其有备也，请垂囊而入。许之。

【注释】

扫码看视频

① 褊（biǎn）：狭小。

② 墠（shàn）：清除地面以祭祀。

③ 贶（kuàng）：赐予。

④ 布：设，陈列。

⑤ 先君：指楚庄王和楚共王。

⑥ 老：指大臣。古时公卿大夫的尊称。

⑦ 惩：警戒，戒惧。

⑧ 馆人：守在客馆之人。

【译文】

　　鲁昭公元年春天，楚国公子围到郑国聘问，并且要迎娶公孙段家的女子为妻。伍举担任副使。他们准备住进郑国都城内的宾馆，郑国人知道楚国另有图谋，很讨厌他们，让行人子羽前去婉言拒绝，于是他们就住在城外。举行聘问仪式之后，公子围打算率领众人迎接新妇。子产担心这件事，派子羽推辞说："由于敝邑狭小，容纳不下您的随从，请让我们在郊外清出一块场地以听从您的命令。"楚令尹公子围命令太宰伯州犁回答说："承蒙贵国国君赐给敝国大夫围恩惠，说将让丰氏的女儿做大夫围的妻子。围摆了几案和筵席，在庄王、共王的神庙里祭奠以后前来迎亲。如果在野外行礼，这就是把国君的恩赐丢在草丛里了，这是让敝国大夫围不能居于卿的行列里啊。不仅这样，又使围欺骗了自己的先君，将不能再做敝国国君的大臣，恐怕无法回国复命啊。请大夫考虑一下。"子羽说："小国没有什么罪过，依赖大国却对大国不设防才是它的罪过。小国想仰仗大国来安定自己，而大国恐怕包藏祸心以谋算小国吧。敝邑担心的是小国失去大国的依靠，使得诸侯对大国有所戒惧，并都怨恨大国，抗拒违背贵君的命令，使大国的命令受阻塞而无法施行。不然的话，敝邑就是替贵国看守馆舍的，哪里敢爱惜丰氏的祖庙而不让入内呢？"伍举知道郑国有了防备，请求倒挂箭囊进入国都，郑国答应了。

点评名师

　　楚国恃其强大，来势汹汹，对夹在中间的郑国造成极大的威胁。然而，处境再尴尬的国家，也有生存的智慧。在"却楚逆女以兵"的行动中，子产与子羽的配合天衣无缝——一个对形势能够做出正确的判断，识破楚国包藏的祸心，发出正确指令；一个能够正确地接收指令，做好完美的外事交涉，当面揭穿其祸心，可谓决策力与执行力的完美结合，最终使楚国退却，郑国得以脱离险境。

子产论为政宽猛

名师导读

郑国国相子产执政的时候，常将宽和仁政与威猛严刑结合使用。然而在他临死前，却对子大叔说：你一定要用威猛严刑治理百姓，假如实行宽和仁政是会害死许多人的。不忍心实行严刑的子大叔，使郑国国内盗贼四起，虽然他们最终被镇压下去了，但是许多人也因此而死了，因此子大叔非常后悔当初未听从子产的建议。这是昭公二十年记录的事情。

【原文】

郑子产有疾，谓子大叔曰："我死，子必为政。唯有德者能以宽服民，其次莫如猛^①。夫火烈，民望而畏之，故鲜死焉；水懦弱，民狎^②而玩之，则多死焉。故宽难。"疾数月而卒。

大叔为政，不忍猛而宽。郑国多盗，取人于萑苻^③之泽。大叔悔之，曰："吾早从夫子，不及此。"兴徒兵^④以攻萑苻之盗，尽杀之，盗少止。

仲尼曰："善哉！政宽则民慢，慢则纠^⑤之以猛。猛则民残，残则施之以宽。宽以济^⑥猛，猛以济宽，政是以和。《诗》曰：'民亦劳止，汔可小康；惠此中国，以绥四方。^⑦'施之以宽也。'毋从诡随，以谨无良；式遏寇虐，惨不畏明。^⑧'纠之以猛也。'柔远能迩，以定我王。^⑨'平

扫码看视频

之以和也。又曰：'不竞不绒，不刚不柔，布政优优，百禄是遒。^⑩'和之至也。"

及子产卒，仲尼闻之，出涕^⑪曰："古之遗爱也。"

【注释】

① 猛：严厉。

② 狎（xiá）：轻视，轻忽。

③ 萑（huán）苻（fú）：湖泽的名称。

④ 徒兵：步兵。

⑤ 纠：矫正。

⑥ 济：帮助，调节。

⑦ "民亦"四句：出自《诗经·大雅·民劳》。汔（qì），庶几，差不多。康，安。中国，指中原国家。绥，安抚。四方，指四方诸侯国。

⑧ "毋从"四句：出自《诗经·大雅·民劳》。诡随，狡诈行骗的人。谨，管束。遏，制止。寇虐，指抢劫行凶的人。憯，曾，乃。明，法度。

⑨ "柔远"二句：出自《诗经·大雅·民劳》。柔，安抚。能，亲善。

⑩ "不竞"四句：出自《诗经·商颂·长发》。竞，逐。绒，急躁。优优，平和的样子。遒，聚。

⑪ 涕：眼泪。

【译文】

郑国的子产生病了，他对子大叔说："我死了以后，您肯定会执政。只有有德行的人才能够用宽和的方法来使民众服从，其次不如用严厉的方法。火猛烈，百姓一看见就害怕，所以很少有人死在火里；水柔弱，百姓轻视而玩弄它，有很多人便因此死在水里。所以运用宽和的施政方法很难。"子产病了几个月后就去世了。

子大叔执政，不忍心严厉而用宽和的方法施政。郑国的盗贼很多，聚集在萑苻泽。子大叔很后悔，说："要是我早听他老人家的话，就不会到这种地步了。"于是，他派步兵去攻打萑苻泽的盗贼，把他们全部杀了，盗贼才有所收敛。

孔子说："好啊！施政宽和，百姓就怠慢，百姓怠慢，就用严厉措施来纠正。施政严厉，百姓就会受到伤害，百姓受到伤害，就用宽和的方法来安抚。宽和用来调节严厉，严厉用来调节宽和，政事因此而和谐。《诗》中说：'民众辛苦又勤劳，企盼稍稍得安康；中原各国施仁政，四方诸侯能安抚。'这是施政宽和。'不能放纵欺诈者，管束心存不良者；制止抢夺残暴者，他们从不惧法度。'这是用严厉的方法来纠正。'安抚远方和近邻，用此安定我王室。'这是用和睦来安定国家。又说：'既不争逐也不急躁，既不刚猛也不柔弱，施政温和又宽厚，百种福禄聚全。'这是和谐达到了顶点。"

等到子产去世，孔子得到了消息，流着眼泪说："他继承发扬了古人为政仁爱的遗风啊。"

名师点评

　　凡事都有两面性，古人很早就认识到了这一点，而且一直关注并提倡在相反的两方面之间寻求平衡。按照传统的观点，如果失去平衡，偏重一方面，忽视另一方面，事情就会出现问题。阴阳调和，刚柔相济，事情才会顺利发展，进而兴旺发达。选文使用的论证方法非常值得学习。第一步，通过火烈鲜死、水弱多死的对比，说明立论观点正确。第二步，通过子大叔以宽治国致多盗、以猛攻盗使少止的实践，证明子产的执政理念是正确的。第三步，通过仲尼这个权威人物的语言进行多角度的论述推理，说明为政宽猛的关系如何才能达到"和"的最高境界，即"和之至"。这段文字虽为论文体，却也无形中塑造了三个生动的人物形象：子产有先见之明，他对政之宽猛的预见，使人想到了《三国演义》小说中的诸葛亮形象，为后人立下治国方针；子大叔"不忍猛而宽"说明其性格具有仁慈一面，"悔之"说明其虽宽厚，但是头脑清醒，理性反思之后，及时纠正；仲尼对"和"的理解升华了"宽猛"的理论高度，子产死后，"出涕"二字见其性情之真挚，实为子产执政理念的最好知音。

鲟设诸刺吴王僚

名师导读

　　昭公二十七年，吴王僚率领军队进攻楚国，却被楚军困在了穷地与潜地之间。吴公子光便想趁此机会杀死吴王僚，争夺王位。于是伍员为吴公子光引见了刺客鲟设诸，并找到鱼肠剑。鲟设诸在煮好的鱼中藏好了鱼肠剑，借献菜的机会杀死了吴王僚。吴公子光也因此得以登上王位，史称吴王阖闾，又作阖庐。

【原文】

　　吴子欲因楚丧①而伐之，使公子掩余、公子烛庸帅师围潜②，使延州来季子聘于上国③，遂聘于晋，以观诸侯。……吴公子光曰："此时也，弗可失也。"告鲟设诸曰："上国有言曰：'不索，何获？'我，王嗣也，吾欲求之。事若克，季子虽至，不吾废也。"鲟设诸曰："王可弑也。母老，子弱，是无若我何？"光曰："我，尔身也。"

　　夏四月，光伏甲于窟室④而享⑤王。王使甲坐于道，及其门。门、阶、户、席，皆王亲⑥也，夹之以铍⑦。羞者献体⑧改服于门外。执羞者坐行⑨而入。执铍者夹承之，及体⑩，以相授也。光伪足疾，入于窟室。鲟设诸置剑于鱼中以进，抽剑刺王，铍交于胸⑪，遂弑王。阖庐^⑫以其子为卿。

【注释】

①楚丧：指楚平王之死。

②潜：楚国地名，在今安徽霍山东北。

③上国：指中原各国。

④堀（kū）室：地下室。

⑤享：宴请。

⑥王亲：国君的亲兵。

⑦铍（pī）：剑。

⑧献体：脱光衣服。

⑨坐行：膝行，即用双膝着地而行。

⑩及体：指剑尖挨着身体。

⑪铍交于胸：剑从两旁交叉刺进胸部。

⑫阖庐：公子光。

【译文】

　　吴王僚想乘楚国有丧事的机会去攻打它，他派公子掩余和公子烛庸率军队包围潜邑，又派季札去访问中原各国，先去了晋国访问，借此观察各诸侯的态度。……吴国的公子光说："这正是杀吴王僚的时机，不要错过了。"他告诉鳝设诸说："中原各国说过这样的话：'不去寻求，哪能得到？'我是王位的继承人，我想得到王位。如果事情成功了，季札即使来了，也不能废除我。"鳝设诸说："君王是可以杀掉的。但我母亲老了，儿子还年幼，我死了他们怎么办呢？"公子光说："我就是你。"

　　夏天四月，公子光在地下室里埋伏甲士，同时宴请吴王僚。吴王僚派甲士坐在道路两旁，一直到大门口。门口、台阶、里门和座席上全是吴王僚的亲兵，他们拿着剑在吴王两旁护卫。进献食物的人要在门外脱光衣服，改穿别的服装，再跪着膝行进去。持剑甲士用剑夹着献食者，剑尖一直挨着献食者的身体，然后把食物递给侍者送上去。公子光假装脚有病，进入地下室。鲦设诸把短剑放进鱼肚子里端了进去，他抽出剑来刺杀吴王僚，自己也被吴王两边的亲兵用剑同时交叉刺进胸中，他就这样刺杀了吴王僚。吴王阖庐即位后封鲦设诸的儿子做了卿。

点师名评

　　这是一个惊心动魄的故事。由产生弑君念头到刺杀成功，一切都发展得那么快，出人意料又干净利落。在那个时代，弑君是目无王法的弥天大罪，后果自不必说。敢于产生这样的念头，可以说是胆大包天。不过，在当时的宫廷之中，政变随时都可能发生，王法、规矩、礼仪，全是针对外人与百姓的，宫廷内部的皇亲国戚，都不把它们放在眼里，为了争权夺利，什么都可以做出来。此处选文精彩之处在于，紧凑地描写了刺杀君主的大场面。从现代电影学角度来看，第一个镜头交给了大环境——公子光伏甲享吴王，但是没有预先说明刺杀的方式是什么、武器是什么，埋下伏笔，让读者带着刺杀是否成功的疑问往下看。第二个镜头重点放在带武器的护卫上，保卫森严，使读者为刺杀者捏一把汗。第三个镜头转换至献食者，从侧面强调吴王护卫之谨慎，危险系数不断升级。第四个镜头一转，公子光找借口逃到密室，仿佛在提醒观众：好戏即将开场。第五个镜头，是收束，最悲壮的场面瞬间呈现：鲦设诸从鱼腹中抽出剑成功刺杀吴王，同时，周围的护卫也刺死鲦设诸，双方都死得极其惨烈，悲剧情调达到高潮。尾声则是鲦设诸的儿子被登上君主之位的阖庐封为卿，寥寥数字，点到为止。

延伸/阅读

孔 子

　　春秋时期鲁国人，中国古代思想家、政治家、教育家，儒家学派创始人。孔子是当时社会上最博学的人之一，在世时就被尊奉为"天纵之圣""天之木铎"，更被后世统治者尊为"孔圣人""至圣""万世师表""大成至圣先师"等。孔子开创了私人讲学之风，倡导仁、义、礼、智、信。有弟子三千，其中贤人七十二。他曾带领部分弟子周游列国十三年，晚年修订六经（《诗》《书》《礼》《乐》《易》《春秋》）。《论语》是儒家经典著作之一，由孔子的弟子及其再传弟子编纂而成，以语录体为主，记录了孔子及其弟子言行，集中体现了孔子的政治主张、伦理思想、道德观念及教育原则等，对后世影响深远。

学海/拾贝

☆　无偏无党，王道荡荡。

☆　柔远能迩，以定我王。

☆　不竞不绒，不刚不柔，布政优优，百禄是遒。

申包胥如秦乞师

名师导读

秦国与楚国向来是盟友，秦国的对外扩张一直为强大的楚国所抑制。此次的吴、楚之战，吴国攻入楚国都城郢，楚国一度处于危亡。楚昭王避难之时，申包胥前去秦国，向秦哀公请求出兵救援。一开始，秦哀公没有答应。申包胥竟哭了七天七夜，秦哀公被他感动，终于应允。楚国在秦国的帮助下，终于击退吴国，收复了郢都。这是定公四年发生的事情。"乞师"前，交代了蔡侯、吴子、唐侯伐楚的战略，二师陈于柏举的情形。郢都被攻破，随人不与楚子，以及回顾了申包胥与伍子胥的关系。

【原文】

冬，蔡侯、吴子、唐侯伐楚。舍舟于淮汭①，自豫章与楚夹汉。左司马戍谓子常曰："子沿汉而与之上下，我悉方城外以毁其舟，还塞大隧、直辕、冥厄。子济汉而伐之，我自后击之，必大败之。"既谋而行。武城黑②谓子常曰："吴用木也，我用革也，不可久也，不如速战。"史皇谓子常："楚人恶子而好司马。若司马毁吴舟于淮，塞城口^③而入，是独克吴也。子必速战！不然，不免。"乃济汉而陈，自小别至于大别^④。三战，子常知不可，欲奔。史皇曰："安求其事，难而逃之，将何所入？子必死之，初罪必尽说^⑤。"

【注释】

①汭（ruì）：河流的弯曲处，也指河边。

②武城黑：楚国武城大夫。武城为地名，在今河南信阳东北。黑为人名。

③城口：春秋楚地大隧、直辕、冥厄三隘道的总称。

④大别：大别山，在今河南、湖北、安徽三省边境。

⑤说：通"脱"，免除。

【译文】

冬季，蔡昭侯、吴王阖庐、唐成公联合发兵进攻楚国。他们把船停在淮河边上，从豫章进发，和楚军隔着汉水对峙。楚国司马沈尹戌对子常说："您沿着汉水和他们上下周旋，我带领方城山之外的全部人马来毁掉他们的船只，回来时再堵塞大隧、直辕、冥厄。这时，您渡过汉水进攻，我从后面夹击，必定把他们打得大败。"商量完了就出发。楚国武城黑对子常说："吴国人的战车是用木头制的，我们的战车是用皮革蒙的，若是下雨则不能持久，不如速战速决。"史皇对子常说："楚国人讨厌您而喜欢司马沈尹戌。如果司马在淮河边上毁掉了吴国的船，堵塞了城口而回来，这是他一个人独享战胜吴军的功劳。您一定要速战速决！如果不这样，就无法避免这一结果。"于是子常就渡过汉水摆开阵势，从小别山直到大别山。打了三仗，子常知道不行了，想逃走。史皇说："国泰民安的时候您争着当权，国家有了祸难就逃避，您打算到哪里去？您一定要拼命打这一仗，以前的罪过必然可以全部免除。"

【原文】

十一月庚午，二师陈于柏举。阖庐之弟夫概王晨请于阖庐曰："楚瓦①不仁，其臣莫有死志。先伐之，其卒必奔，而后大师继之，必克。"弗许。夫概王曰："所谓'臣义而行，不待命'者，其此之谓也。今日我死，楚可入也。"以其属五千先击子常之卒。子常之卒奔，楚师乱，吴师大败之。子常奔郑。史皇以其乘广死。吴从楚师，及清发②，将击之。夫概王曰："困兽犹斗，况人乎？若知不免而致死，必败我。若使先济者知免，后者慕之，蔑有斗心矣。半济而后可击也。"从之，又败之。楚人为食，吴人及之，奔。食而从之，败诸雍澨③。五战，及郢。

【注释】

①瓦：子常名。

②清发：水名。在今湖北安陆。

③雍澨（shì）：水名。在今湖北京山。

扫码看视频

【译文】

十一月十八日，吴、楚两军在柏举摆开阵势。吴王阖庐的弟弟夫概王早晨请示阖庐说："楚国的令尹子常不仁，他的部下没有死战的决心。我们抢先进攻，他们的士兵必定奔逃，然后大部队跟上去，必然得胜。"阖庐不答应。夫概王说："所谓'臣下的打算如果合于道义就去做，不必等待君主的命令'，说的就是这个吧。今天我拼命作战，我军就可以攻进郢都了。"于是，夫概王带着他的部下五千人，抢先攻打子常的队伍。子常的士兵奔逃，楚军乱了阵脚，吴军大败楚军。子常逃亡到郑国。史皇驾着子常的兵车战死军中。吴军追赶楚军，到达清发，准备发动攻击。夫概王说："被困的野兽尚且还要争斗一番，何况人呢？如果明知不免一死而同我们拼命决战，必然会打败我们。如果让先渡过河的楚军知道一过河就可以逃脱，后边的人羡慕先渡河的，楚军就没有斗志了。等他们渡过一半我们才可以攻击。"吴王听了他的话，又一次将楚军打败。楚军刚停下做饭，吴军又赶到了，楚军只能继续奔逃。吴军吃完楚军做的饭，又继续追击，在雍澨打败了楚军。经过五次战斗，吴军到达楚国的郢都。

【原文】

　　吴人从之，谓随人曰："周之子孙在汉川者，楚实尽之。天诱其衷①，致罚于楚，而君又窜②之，周室何罪？君若顾报周室，施及寡人，以奖③天衷，君之惠也。汉阳之田，君实有之。"楚子在公宫之北，吴人在其南。子期似王，逃王，而己为王，曰："以我与之，王必免。"随人卜与之，不吉，乃辞吴曰："以随之辟小而密迩④于楚，楚实存之。世有盟誓，至于今未改。若难而弃之，何以事君？执事之患不唯一人，若鸠⑤楚竟，敢不听命？"吴人乃退。鑢金初宦于子期氏，实与随人要言⑥。王使见，辞曰："不敢以约为利。"王割子期之心以与随人盟。

【注释】

①衷：内心。

②窜：隐匿，藏匿。

③奖：助成。

④密迩：贴近。

⑤鸠：安定。

⑥要言：约言，约定。

【译文】

吴国人追赶楚昭王，吴王派人对随国国君说："周朝的子孙中被封在汉水一带的，全部都被楚国灭掉了。上天的意志，降罚于楚国，而您又把楚君藏匿起来。周室有什么罪？您如果顾念并报答周室，同时延及寡人，来完成天意，这是您的恩惠。汉水北边的土地，您就可以享有。"楚王住在随国宫殿的北面，吴军在随国宫殿的南面。子期长得像楚昭王，他让楚昭王逃走，自己穿上楚昭王的服饰，说："把我交给吴军，君王一定可以免祸。"随国人为交出子期占卜吉凶，不吉利，就辞谢吴国说："以随国的偏僻狭小并且紧挨着楚国这一点，随国早该灭亡了，楚国确实保存了我们。随、楚世世代代都有盟誓，到今天也没有改变。如果有了危难而抛弃他们，又怎么能侍奉君王？执事所担心的并不在于昭王这一个人而在于楚国，如果安定楚国，我国哪敢不听您的命令？"吴军就撤退了。鑢金当初在子期氏那里做家臣，曾经和随国人有过约定，不把楚昭王交给吴国人。楚昭王让他进见，他辞谢，说："我们不敢因为君王处于困难而谋求私利。"楚昭王割破子期的胸口取血和随国人盟誓。

【原文】

初，伍员与申包胥^①友。其亡也，谓申包胥曰："我必复^②楚国。"申包胥曰："勉之！子能复之，我必能兴之。"及昭王在随，申包胥如秦乞师，曰："吴为封豕、长蛇，以荐食^③上国，虐始于楚。寡君失守社稷，越^④在草莽，使下臣告急，曰：'夷德无厌^⑤，若邻于君，疆场之患也。逮^⑥吴之未定，君其取分焉。若楚之遂亡，君之土也。若以君灵抚之，世以事君。'"秦伯使辞焉，曰："寡人闻命矣。子姑就馆，将图而告。"对曰："寡君越在草莽，未获所伏^⑦，下臣何敢即安⑧？”立，依于庭墙而哭，日夜不绝声，勺饮不入口七日。秦哀公为之赋《无衣》⑨。九顿首而坐。秦师乃出。

【注释】

①申包胥：楚国大夫，名包胥，申是他的食邑。

②复：同"覆"，颠覆。

③食：侵食。

④越：流亡。

⑤厌：满足。

⑥逮：等到，趁着。

⑦所伏：藏身之地，安身之处。

⑧即安：指到安逸的地方去。

⑨《无衣》：《诗·秦风》中的篇名。

【译文】

当初，伍员和申包胥是朋友。伍员逃亡的时候，对申包胥说："我一定要颠覆楚国。"申包胥说："努力吧！您能颠覆楚国，我一定能复兴楚国。"到了楚昭王在随国避难的时候，申包胥到秦国去请求出兵，说："吴国就是大猪、长蛇，一再侵食中原国家，最先受到侵害的就是楚国。我们国君守不住自己的国家，流亡草野，派下臣前来报告急难，说：'吴国的本性是贪得无厌，如果吴国成为君王的邻国，这就成为您边境的祸患。趁着吴国没有安定下来，您可前去与吴国共分楚国。如果楚国就此灭亡，那便是君王的土地了。如果能仰仗君王的威福镇抚楚国，楚国将世世代代侍奉君王。'"秦哀公派人婉言谢绝，说："我知道您的意见了。您姑且到宾馆休息，我们要商量一下再答复您。"申包胥回答说："我们国君流亡草野，还没有得到安身的地方，下臣怎么敢去安逸之处休息呢？"申包胥靠着院墙号啕大哭，哭声日夜不断，七天不喝一口水。秦哀公大为感动，赋了《无衣》这首诗。申包胥叩头九次才坐下。秦军于是出兵。

点名师评

　　申包胥以柔克刚、软硬兼施，竟然哭上七天七夜，连水都没有喝一口。这个说法虽然不免夸张，但申包胥的这种精神，也足够让人感动。他以超强的毅力最终打动秦哀公，求得援兵，实现了复兴楚国的梦想，展现了身为臣子的忠诚美德以及爱国主义精神。申包胥哭了七天七夜的描写，极具传奇性，是因为使用了夸张的文学手法。此处选文其他人物形象也十分鲜明，如司马沈尹戌与子常定谋抗吴，但是作战中却被武城黑和史皇怂恿、威胁而改变战术，战败逃跑了，这个形象也具有典型性。夫概王不待君命而率五千部属击败楚师，攻破郢都，充满英雄传奇色彩。随国虽是小国，却不受吴国的威胁，坚持信义，不献出楚王。还有想代昭王死的子期，身上散发着血性的光芒。

齐鲁夹谷会盟

名师导读

　　夹谷会盟是齐、鲁两国国君一次重要的双边会谈，发生在定公十年。夹谷会盟中，齐人意图鼓动莱国人劫持鲁定公，以迫使鲁国听从齐国的号令。而孔子则据理力争，反客为主，不但化险为夷斥退了莱国人，还与齐国签订了公平盟约，要回了之前被齐国侵占的土地，展现了其杰出的政治才华。

【原文】

　　十年春，及齐平。

　　夏，公会齐侯于祝其①，实夹谷。孔丘相②。犁弥言于齐侯曰："孔丘知礼而无勇，若使莱③人以兵劫鲁侯，必得志焉。"齐侯从之。孔丘以公退，曰："士兵之④！两君合好，而裔夷⑤之俘以兵乱之，非齐君所以命诸侯也。裔不谋夏，夷不乱华，俘不干盟，兵不逼好⑥——于神为不祥，于德为愆⑦义，于人为失礼，君必不然。"齐侯闻之，遽⑧辟之。

【注释】

　　①祝其：夹谷。地名，在今山东莱芜夹谷峪。

②相：担任傧相，即替主人接引宾客和赞礼的人。

③莱：古国名。今山东黄县（即龙口市）东南有莱子城，即古莱国旧址。为齐国所灭。

④士兵之：士兵们拿起武器冲上去。这里是命令的语气。

⑤裔（yì）夷：华夏地域以外的夷人。

⑥逼好：逼迫友好。

⑦愆（qiān）：伤害。

⑧遽：迅速，紧急。

【译文】

鲁定公十年春季，鲁国和齐国讲和。

夏季，鲁定公在祝其会见齐景公，祝其实际上就是夹谷。孔丘担任傧相。犁弥对齐景公说："孔丘懂得礼而缺乏勇，如果派莱国人用武力劫持鲁侯，一定可以如愿以偿。"齐景公听从了犁弥的话。孔丘带着鲁定公往后退，说："士兵们拿起武器攻上去！两国的国君友好会见，而边远夷人俘虏却用武力来捣乱，这不是齐国君王用来命令诸侯的办法。外族不能图谋中原，夷人不能搅乱华人，俘虏不能干犯盟会，武力不能逼迫友好——这些对于神明来说是很不吉祥的，对于德行来说是伤害道义的，对于人来说是丧失礼仪的，君王一定不会这样做。"齐景公听了这番话后，急忙让莱国人避开。

【原文】

将盟，齐人加于载书①曰："齐师出竟②，而不以甲车三百乘从我者，有如此盟！"孔丘使兹无还揖对③，曰："而不反我汶阳之田，吾以共命④者，亦如之！"

齐侯将享公，孔丘谓梁丘据曰："齐、鲁之故⑤，吾子何不闻焉？

事既成矣，而又享之，是勤执事也。且牺、象不出门，嘉乐^⑥不野合。飨而既具，是弃礼也。若其不具，用秕稗^⑦也。用秕稗，君辱；弃礼，名恶。子盍图之！夫享，所以昭^⑧德也。不昭，不如其已也。"乃不果^⑨享。

齐人来归郓、讙、龟阴^⑩之田。

【注释】

①载书：盟书。
②出竟：指出境作战。
③揖对：作揖回答。
④共命：供给齐国所需之物。
⑤故：指从前的典章制度。
⑥嘉乐：指钟、磬等乐器。
⑦秕稗：秕子和稗子。比喻轻贱。
⑧昭：发扬光大。
⑨果：实现。
⑩郓、讙、龟阴：都是鲁国的邑名，在汶水的北岸。

【译文】

将要盟誓时，齐国人在盟书上加了这样一句话："如果齐军出境作战，而鲁国不派三百辆甲车跟随的话，就按此誓惩罚，有盟誓为证！"孔丘让兹无还作揖回答说："如果你们不归还我们汶阳的土地，却让我们供给齐国所需之物，也要按此誓惩罚，有盟誓为证！"

齐景公准备设享礼招待鲁定公。孔丘对梁丘据说："齐国、鲁国从前的典章制度，您怎么没有听说过呢？事情已经成功了，而又设享礼款待，这是徒然烦劳执事。况且牺尊、象尊不出国门，钟、磬不在野外合奏。如果设享礼而全部具备这些东西，这是不合礼法。如果不具备这些，那就像秕子、稗子一样轻微而不郑重。用像秕子、稗子一样的礼节，这是君王的耻辱；不合礼法，就名声不好。您怎么能不考虑一下呢！享礼，是用来宣扬德行的。不能宣扬，还不如不用它。"于是齐景公最终没有设享礼。

齐国人前来归还郓地、谨地、龟阴的土地。

名师点评

一般我们对孔子的了解，多来自《论语》，那是一个忧国忧民、诲人不倦的"老夫子"形象。然而《左传》中的孔子形象，却大为不同。在卷十《子产论为政宽猛》选文，从其对子产的评价及对"和"的论证可以看出，孔子是个论证说理能力极强的人，与后起之秀孟子不分高下。在这篇选文中，齐国的犁弥判断孔子是一个"知礼而无勇"的人，犯下大错，为此受到了极大的教训。齐侯唆使莱国人劫持鲁侯时，孔子果断地保护鲁侯退出，同时命令护卫拿起武器冲上前搏斗，维护了国君的尊严。在此危急的情况下，还用几组成对偶的排比句理直气壮地斥责对方，真是"先兵后礼"、有勇有谋的国士。在盟约时，齐国人又威胁鲁侯，可是孔子使兹无还作揖，针锋相对，使齐人不得不归还侵占鲁国的土地。盟约后，孔子以义正词严的外交魄力，拒绝了齐国不合礼的享宴。结合多部史著来看，孔子的形象更加丰满有趣了。

吴王夫差三年报越

名师导读

定公十四年，越败吴于槜李，吴越争霸拉开了序幕，越国登上了历史的舞台。吴王夫差的父亲阖闾在征讨越国时战死，夫差于是立下了三年后为父报仇的誓言，每天他都让侍从问自己：是否忘记了为父报仇？通过努力，三年后吴国击败越国。

【原文】

吴伐越。越子勾践御之，陈于槜李①。勾践患吴之整也，使死士②再禽焉，不动。使罪人三行③，属剑于颈，而辞曰："二君有治④，臣奸旗鼓⑤，不敏于君之行前，不敢逃刑，敢归死。"遂自刭也。师属之目⑥，越子因而伐之，大败之。灵姑浮以戈击阖庐，阖庐伤将指⑦，取其一屦。还，卒于陉，去槜李七里。夫差使人立于庭。苟出入，必谓己曰："夫差！而忘越王之杀而父乎？"则对曰："唯⑧，不敢忘！"三年，乃报越。

【注释】

①槜（zuì）李：越国地名。在今浙江绍兴北。

②死士：敢死之士，指敢死队。

③三行：排成三排。

④有治：指出兵交战。

⑤奸旗鼓：犯军令。

⑥属之目：注视，注意看着。

⑦将指：大脚趾。

⑧唯：应答声。

【译文】

吴国进攻越国。越王勾践抵御吴军，在檇李摆开阵势。勾践担心吴军军阵严整，派敢死队再次冲锋擒捉吴军，吴军阵势不动。勾践把罪犯排成三排，各自把剑架在脖子上，致辞说："两国国君出兵交战，下臣触犯军令，在君王的队列之前显示出无能，不敢逃避刑罚，谨自刎而死。"于是都自杀了。吴军都注意看着，越王乘机下令进攻，大败吴军。灵姑浮用戈击刺吴王阖庐，阖庐的大脚趾受伤，灵姑浮得到吴王的一只鞋。阖庐退兵，死在陉地，距离檇李七里。夫差派人站在院子里，只要自己一进出，都一定要对自己说："夫差，你忘记越王杀了你的父亲了吗？"夫差自己就回答说："是，不敢忘记！"到第三年，夫差就向越国报了仇。

点师名评

吴越争霸时，吴国国君夫差与越国国君勾践，均是可圈可点的历史人物。吴王夫差出入庭院必使人以大声的言辞责问自己是否忘记父仇，三年后报越成功，十分励志。而越王勾践忍辱负重，卧薪尝胆，经过二十年生聚、教化，终至"三千越甲可吞吴"。

正所谓"有志者，事竟成"，抓住目标，不断努力，总有一天会达成所愿，到达理想的彼岸。

延伸/阅读

孙　武

　　春秋时期著名的军事家、政治家,被后人尊称为兵圣或孙子(孙武子),被誉为"百世兵家之师""东方兵学的鼻祖"。孙武经吴国大臣伍子胥举荐,向吴王阖闾进呈所著兵法十三篇,受到重用。柏举之战时,他率领吴国军队大败楚国军队,占领楚国都城郢城,几近覆亡楚国。其著作《孙子兵法》十三篇,为后世兵法家所推崇,被誉为"兵学圣典",置于《武经七书》之首。《孙子兵法》在中国乃至世界军事史、军事学术史和哲学思想史上都占有极为重要的地位,并在政治、经济、军事、文化等领域被广泛运用。

学海/拾贝

　　☆ 臣义而行，不待命。
　　☆ 二君有治，臣奸旗鼓，不敏于君之行前，不敢逃刑，敢归死。

吴许越成

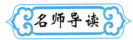

　　哀公元年，吴王夫差率军攻进越国，报了槜李之仇。越王勾践退守会稽山，只剩下五千兵马，被迫向吴求和，吴王夫差不听伍子胥劝谏，竟然答应了。吴王夫差没有乘势灭掉越国，给了越国喘息之机，为之后勾践复国灭吴埋下了伏笔，也为吴国亡国埋下了祸根。本文也从侧面让我们认识到吴王夫差的刚愎自用和越王勾践的忍辱负重，以很强的文学性，对吴越争霸的史实加以渲染，人物的传奇化越来越明显。

【原文】

　　吴王夫差败越于夫椒①，报槜李也。遂入越。越子以甲楯②五千，保于会稽③，使大夫种因吴大宰嚭④以行成。吴子将许之。伍员曰："不可。臣闻之：'树德莫如滋，去疾莫如尽⑤。'昔有过浇杀斟灌以伐斟鄩⑥，灭夏后相⑦。后缗方娠⑧，逃出自窦⑨，归于有仍⑩，生少康焉，为仍牧正⑪。惎浇，能戒⑫之。浇使椒求之，逃奔有虞⑬，为之庖正⑭，以除其害。虞思于是妻之以二姚，而邑诸纶⑮。有田一成，有众一旅⑯。能布其德，而兆其谋，以收夏众，抚其官职。使女艾谍浇，使季杼诱殪。遂灭过、戈，复禹之绩，祀夏配天，不失旧物⑰。今吴不如过，而越大于少康，或将丰之，不亦难乎？勾践能亲而务施，施不失人，亲不弃劳。与我同壤⑱，而世为仇雠。于是乎克而弗取，将又存之，违天而长寇仇，后虽悔之，不可食已。姬之衰也，日可俟也。介在蛮夷，而长寇仇，以是求伯，必不行矣。"弗听。退而告人曰："越十年生聚，而十年教训，二十年之外，吴其为沼⑲乎！"

【注释】

①夫椒：越国地名，在今浙江绍兴北。

②甲楯：披甲持盾的士兵。

③会稽：山名，在今浙江。

④嚭（pǐ）：伯嚭，伯州犁的孙子，吴国的太宰，楚国人。

⑤尽：彻底。

⑥斟鄩（xún）：夏的同姓诸侯。

⑦夏后相：夏朝的国君，夏朝第五代君主。

⑧娠：怀孕。

⑨窦：洞，孔。

⑩有仍：古代诸侯国名。后缗的娘家。

⑪牧正：管理畜牧的官。

⑫戒：提防。

⑬有虞：古代诸侯国名，在今山西。

⑭庖正：管理膳食的官。

⑮邑诸纶：把纶邑封给他。纶在今河南虞城东南。

⑯旅：五百人为一旅。

扫码看视频

⑰旧物：指夏代原来的典章制度。

⑱同壤：同处一方，国土相连。

⑲为沼：变为湖沼，意思是国家灭亡。

【译文】

吴王夫差在夫椒打败越军，报了槜李之役失败之仇，接着就乘势进入越国。越王带着披甲持盾的士兵五千人退守到会稽山，派大夫文种通过吴国太宰伯嚭向吴国求和。吴王打算答应。伍员说："不能答应。下臣听说：'建树德行最好不断培植，除去毒害最好彻底清除。'从前有过国的国君浇杀了斟灌后又去攻打斟鄩，灭了夏后相。后缗正怀着孕，从城墙的小洞里逃出去，回到娘家有仍国，生了少康，少康后来在有仍做了管理畜牧的牧正。他对浇满怀仇恨而又对浇的迫害有所警惕和戒备。浇派椒寻找少康，少康逃奔到有虞国，做了那里掌管庖厨的庖正官，才逃避了浇的杀害。有虞氏的首领虞思因此把两个女儿嫁给了他，并把纶邑封给了他。少康拥有方圆十里的土地，有五百人的兵力。他能广施恩德，并开始实施复国计划，收集夏朝的余部，安抚他的官员。他派遣女艾到浇那里去做间谍，派季杼去引诱浇的弟弟豷。就这样灭亡了过国、戈国，复兴了禹的事业，少康奉祀夏朝祖先的同时祭祀天帝，恢复了夏代原来的典制。现在吴国不如过国，而越国却比少康强大，上天也许将会使越国再壮大起来，那岂不是很难对付吗？勾践能爱护百姓而致力于施行恩惠，对应该施恩的人就加以施舍，不会失掉人心，而对有功劳的人从不抛弃而是加以亲近。越国和我国土地相连，又世世代代是仇敌。在这种情况下，如果我们战胜越国而不吞并它，让它存在下去，这是违背上天而去助长仇敌，以后即使懊悔，也无法消除祸患了。姬姓（吴国）的衰微，很快就到了。我国处于蛮夷之间，而又助长了仇敌，以此来求取霸业，必然是行不通的。"吴王夫差不听。伍员退下去告诉别人说："越国用十年时间对人民进行繁衍积聚，用十年时间对人民进行教育训练，二十年以后，吴国的宫殿恐怕要成为池沼了！"

点师名评

　　伍子胥的悲剧英雄形象在这一选文中得到了很好的体现。他有很好的论证说理能力，却无法说服心高气傲的吴王；他有很强的预见能力，却无法阻止吴王的决定；他明知越国经十年生聚、十年教训，将给吴国带来灭国之灾，可是却无法扭转历史的车轮。吴越争霸的过程是悲剧，吴越争霸的结果还是悲剧，连参与吴越争霸的历史人物也是悲剧。从文学角度看，伍子胥论证"不可"这个简短而明确的观点时，首先使用俗语说明"去疾莫如尽"的必要。其次用历史事实给予鲜明的警示，"今吴不如过，而越大于少康"，不能给越国死灰复燃的机会。最后从观察勾践为人，证明其有很强的号召力，加上吴越接壤、互为世仇这个历史地理关系，最终得出了"你活我死"的结论——如果存越，必招致吴亡。选文末尾，没有叙述吴亡过程，仅有伍子胥的感叹："二十年之外，吴其为沼乎！"可是一句话就预示悲剧必然到来，这样的叙事，"史"实犹存，风格已近"文"。随着吴越争霸的结束，春秋列国争霸的历史迎来尾声，封建秩序已经分崩离析，进入战国混战时代。

延伸/阅读

伍子胥

　　春秋末期吴国大夫，军事家、谋略家。伍子胥之父伍奢为楚平王子建太傅，因受费无极谗害，和其长子伍尚一同被楚平王杀害。伍子胥从楚国逃到吴国，成为吴王阖闾的重臣。吴国倚重伍子胥、孙武等人，西破强楚，北败齐、鲁，成为诸侯一霸。伍子胥曾多次劝谏吴王夫差杀勾践，夫差却不听。夫差急于图谋中原，率大军攻齐，伍子胥再度劝谏夫差暂不要攻齐而要先灭越，遭拒。夫差听信太宰伯嚭谗言，称伍子胥阴谋倚托齐国反吴，派人送了一把宝剑给伍子胥，令其自杀。伍子胥自杀前对门客说："请将我的眼睛挖出置于东门之上，我要看着吴国灭亡。"伍子胥死后九年，吴国为越国所灭。

学海/拾贝

　　☆ 树德莫如滋，去疾莫如尽
　　☆ 施不失人，亲不弃劳。